ŒUVRES ILLUSTRÉES D'EUGÈNE SUE

LES
SEPT PÉCHÉS CAPITAUX

L'AVARICE

ÉDITION ILLUSTRÉE PAR ED. COPPIN, G. STAAL

Prix : 70 centimes

MARESCQ ET Cⁱᵉ, ÉDITEURS

LIBRAIRIE CENTRALE DES PUBLICATIONS ILLUSTRÉES A 20 CENTIMES
5 — RUE DU PONT-DE-LODI — 5

PARIS — 1856

ŒUVRES ILLUSTRÉES D'EUGÈNE SUE

LES SEPT
PÉCHÉS CAPITAUX

L'AVARICE

Dessins par Ed. Coppin.
G. Staal.

Gravures par les meilleurs
Artistes.

LES MILLIONNAIRES

I

L'emplacement appelé depuis longues années le *Charnier des Innocents*, situé près des *Piliers des Halles*, a toujours été cité pour le grand nombre d'*écrivains publics* qui ont établi leurs échoppes dans ce quartier populeux de Paris.

Par une belle matinée du mois de mai 18", une jeune fille de dix-huit ans environ, vêtue comme une pauvre ouvrière, et dont la figure charmante et mélancolique était d'une pâleur mate, sinistre reflet de la misère, parcourait le *Charnier des Innocents* d'un air pensif. Plusieurs fois elle s'arrêta indécise devant quelques échoppes d'écrivains publics; mais, soit que les uns lui parussent trop jeunes, les autres d'une phy-

...Et cette lettre à qui faut-il l'adresser, mon enfant? — PAGE 3.

sionomie peu engageante, soit enfin qu'ils fussent alors tous occupés, elle continuait lentement ses recherches.

Avisant, cependant, à la porte de la dernière échoppe, un vieillard d'une physionomie vénérable, remplie de douceur et de bonté, la jeune fille n'hésita pas à entrer dans la maisonnette de bois.

L'écrivain public, frappé, de son côté, de la touchante beauté de la jeune fille, de sa tournure modeste, de son air timide et triste, l'accueillit avec une affabilité paternelle, la fit entrer dans l'échoppe, dont il ferma la porte; puis, tirant discrètement le rideau de la petite fenêtre, le bonhomme, presque vêtu de haillons, indiqua d'un geste une chaise à sa cliente et s'assit dans son vieux fauteuil de cuir.

Mariette (c'était le nom de la blonde jeune fille) baissa ses grands yeux bleus, rougit beaucoup, et garda pendant quelques instants un silence embarrassé,

1

presque pénible. Une vive émotion agitait son sein sous le vieux petit châle de mérinos gris qu'elle portait sur sa robe d'indienne fanée, tandis que ses deux mains, croisées sur ses genoux, tremblaient légèrement.

L'écrivain, désirant rassurer la pauvre fille, lui dit affectueusement :

— Allons, mon enfant, remettez-vous. Pourquoi cet embarras? Vous venez sans doute me prier de rédiger une pétition? une demande? une lettre?

— Oui, monsieur... c'est... c'est pour une lettre... que je viens.

— Vous ne savez donc pas écrire?

— Non, monsieur, répondit Mariette en rougissant davantage encore, car à sa timidité naturelle se joignait la honte de son ignorance.

L'écrivain public, regrettant d'avoir peut-être humilié sa *cliente*, reprit d'un ton affectueux :

— Pauvre enfant! me supposez-vous capable de blâmer votre ignorance?

— Monsieur...

— Ah! croyez-moi, reprit-il d'une voix pénétrée, c'est au contraire de l'attendrissement, de la compassion que j'éprouve pour les personnes qui, comme vous, n'ayant pu acquérir une éducation première, sont forcées de venir à moi. Pauvres créatures, obligées de s'adresser à un tiers qu'elles peuvent croire indiscret, moqueur! Et cependant il faut qu'elles le mettent dans la confidence de leurs pensées les plus secrètes, les plus chères! C'est bien pénible, n'est-ce pas?

— Oh! oui, monsieur! dit Mariette, touchée de ces paroles. Etre obligée de s'adresser à un étranger pour...

La jeune fille n'acheva pas, rougit encore, et ses yeux devinrent humides.

L'écrivain public reprit, en regardant la jeune fille avec un intérêt croissant :

— Encore une fois, rassurez-vous, mon enfant. Avec moi vous n'avez à craindre ni indiscrétion ni moquerie; j'ai toujours regardé comme quelque chose de touchant, de sacré, la confiance que sont obligées de m'accorder les personnes que le hasard ou le malheur a déshéritées des bienfaits de l'éducation.

Puis, souriant avec bonhomie, l'écrivain public ajouta : Ah çà, mademoiselle, n'allez pas croire, au moins, que je vous parle ainsi pour me vanter aux dépens de mes confrères, et leur enlever une cliente! Non, non reprit-il plus sérieusement, je vous parle comme je pense, et, à mon âge, on peut avouer cette prétention-là.

Mariette, de plus en plus surprise et émue du langage du vieillard, lui dit avec reconnaissance :

— Ah! merci, monsieur; vous me soulagez de la moitié de ma peine, en comprenant, en excusant mon embarras. Oh, oui! ajouta-t-elle en soupirant, c'est bien cruel de ne savoir ni lire ni écrire; mais, hélas! cela souvent ne dépend pas de nous.

— Eh! mon Dieu! ma pauvre enfant, il en aura été de vous, j'en suis sûr, comme de tant d'autres jeunes filles qui s'adressent à moi : ce n'est pas la bonne volonté qui leur a manqué pour apprendre, c'est de le pouvoir. Celles-ci, en l'absence de leurs parents occupés hors du logis, et obligées, dès leur enfance, de garder leurs sœurs ou leurs frères plus petits, n'ont jamais eu le temps d'aller à l'école; celles-là, mises en apprentissage de trop bonne heure...

— Comme moi, monsieur, dit Mariette en soupirant.

— On vous a mise, toute enfant, en apprentissage?

— A neuf ans, monsieur, et jusqu'alors j'étais restée à la maison pour garder un petit frère qui est mort peu de temps avant mon père et ma mère.

— Pauvre enfant! votre histoire est à peu près celle de beaucoup de vos compagnes, qui sont dans la même position que vous. Mais comment, en sortant d'apprentissage, n'avez-vous pas tâché de vous instruire?

— Et le temps, monsieur, dit tristement Mariette, c'est à peine si, en prenant sur mes nuits, mon travail peut suffire à moi et à ma marraine...

— Hélas! oui, le temps! dit le vieillard : le temps, c'est le pain pour les travailleurs, et trop souvent il faut opter : mourir de faim ou vivre dans l'ignorance.

Puis il ajouta de plus en plus intéressé : Vous me parlez de votre marraine; vous n'avez donc plus ni père ni mère?

— Non, monsieur, je vous l'ai dit, répondit tristement Mariette; puis elle reprit en soupirant : Mais pardon, monsieur, de vous avoir fait perdre ainsi beaucoup de votre temps, au lieu de vous avoir dit tout de suite quelle lettre je viens vous demander.

— Ce temps, je ne pouvais mieux l'employer qu'à vous écouter,

mon enfant, car je suis vieux, j'ai de l'expérience, et je suis certain que vous êtes une brave et digne jeune fille. Maintenant venons à cette lettre. Voulez-vous m'en dire le sujet, pour que je la rédige? Ou bien préférez-vous me la dicter?

— Je préfère vous la dicter, monsieur.

— Alors je suis prêt, mon enfant, dit le bonhomme en mettant ses lunettes et s'établissant devant son bureau, la tête baissée sur son papier, afin de ne pas augmenter l'embarras de sa cliente en la regardant.

Après un moment d'hésitation, Mariette commença de dicter ce qui suit à voix basse, et en tenant ses yeux baissés : « Monsieur Louis... »

Au nom de *Louis*, le vieillard fit un léger mouvement de surprise inaperçu de Mariette, qui répéta de nouveau d'une voix un peu émue : « Monsieur Louis... »

— C'est écrit, mon enfant, dit le vieillard, toujours sans regarder Mariette.

Celle-ci continua en s'interrompant parfois et en hésitant, car il était facile de deviner que, malgré sa confiance dans le vieillard, elle ne lui livrait pas toute sa pensée : « Je suis bien triste; je n'ai pas encore reçu de vos nouvelles. Vous m'aviez pourtant promis de m'écrire pendant votre voyage, monsieur Louis. »

— Pendant votre voyage, répéta le vieillard, dont les traits étaient soudain devenus pensifs, et qui se dit en lui-même avec une vague anxiété : Voilà un rapprochement étrange. Il se nomme Louis, et Il est absent. Mariette continua de dicter :

« J'espère, monsieur Louis, que vous vous portez bien, et que ce n'est pas pour cause de maladie que vous ne m'avez pas encore écrit, car ce serait pour moi deux chagrins au lieu d'un.

« C'est aujourd'hui le 6 mai, monsieur Louis, *le six mai*. Aussi je n'ai pas voulu passer cette journée sans vous faire souvenir de moi. Peut-être que vous aurez eu la même idée, et qu'après-demain je recevrai une lettre de vous, comme vous recevrez celle-ci de moi. Alors ce ne serait ni par oubli ni par maladie que vous auriez tant tardé à m'écrire. Comme j'en serais heureuse! Aussi je vais attendre jusques après demain avec une grande impatience. Dieu veuille qu'elle ne soit pas trompée, monsieur Louis! »

Mariette, en dictant ces derniers mots, étouffa un soupir. Une larme roula sur ses joues. Elle s'interrompit durant quelques instants.

Les traits de l'écrivain public, toujours courbé sur sa table, étaient invisibles à la jeune fille, et prenaient une expression de plus en plus attentive et sérieusement inquiète; deux ou trois fois, tout en écrivant, il tâcha de jeter à la dérobée sur sa cliente un regard chagrin et scrutateur.

Il était facile de deviner qu'au touchant intérêt qu'il avait d'abord involontairement ressenti pour Mariette, succédait chez le vieillard une sorte d'éloignement causé par de graves appréhensions.

La jeune ouvrière poursuivit sa dictée en continuant de tenir ses yeux baissés :

« Je n'ai rien de nouveau à vous apprendre, monsieur Louis; ma marraine est toujours bien malade; ses souffrances empirent; cela aigrit encore son caractère. Afin de la quitter le moins possible, je travaille maintenant chez nous au lieu d'aller chez madame Jourdan. Aussi les journées me paraissent longues et tristes, car le travail fait en commun, à l'atelier, avec mes compagnes, était presque une plaisir et allait bien plus vite; aussi je suis obligée de veiller très-tard, et je ne dors pas beaucoup, car c'est surtout la nuit que ma marraine souffre davantage et qu'elle a le plus besoin de moi. Quelquefois je ne m'éveille pas aussitôt qu'elle m'appelle, parce que souvent le sommeil est plus fort que moi; alors elle me gronde un peu, c'est bien naturel, elle souffre.

« C'est pour vous dire, monsieur Louis, que, comme toujours, je ne suis pas très-heureuse à la maison, et qu'un mot d'amitié de votre part me ferait grand bien. Cela me consolerait de tant de choses tristes!

« Adieu, monsieur Louis, je comptais sur Augustine pour vous écrire, mais elle est allée dans son pays, et j'ai été obligée de m'adresser à une autre personne, à qui j'ai dicté cette lettre. Ah! monsieur Louis, jamais je n'ai été plus chagrine de ne savoir ni lire ni écrire qu'en ce moment. Adieu encore, monsieur Louis, pensez à moi, je vous en prie, car moi je pense toujours à vous.

« Je vous salue de bien bonne amitié. »

La jeune fille étant restée silencieuse après ces derniers mots, le vieillard se retourna, et, levant enfin les yeux sur elle, lui dit:

— Est-ce tout, mon enfant?

— Oui, monsieur.

— Et de quel nom faut-il signer cette lettre?

— Du nom de Mariette, monsieur.

— Seulement *Mariette?*

— Mariette Moreau, si vous voulez, monsieur. C'est mon nom de famille.

— Signé : *Mariette Moreau,* dit le vieillard en écrivant ces noms.

Puis, ayant plié la lettre, il reprit en dissimulant la secrète angoisse avec laquelle il attendait la réponse de la jeune fille :

— Et cette lettre, à qui faut-il l'adresser, mon enfant?

— A M. *Louis Richard,* à DREUX, bureau restant.

— Plus de doute! se dit le vieillard en se disposant à écrire sur la lettre l'adresse que Mariette venait de lui dicter.

Si la jeune ouvrière n'eût pas été elle-même très-préoccupée, elle aurait sans doute remarqué l'expression contrainte qui se peignait depuis quelques instants sur la physionomie de l'écrivain, et qui s'accentua plus durement encore lorsqu'il fut bien certain du nom de celui-là à qui cette missive ingénue était destinée. Jetant à la dérobée un regard irrité sur Mariette, il semblait ne pouvoir se résoudre à écrire l'adresse qu'elle venait de lui dicter, car après avoir seulement mis sur l'enveloppe ces mots : *A Monsieur, Monsieur...* il laissa tomber sa plume, et il dit à l'ouvrière, en tâchant de sourire avec sa bonhomie accoutumée afin de dissimuler ses ressentiments et ses appréhensions :

— Tenez, mon enfant, quoique ce soit la première fois que nous nous voyons, il me semble que vous avez déjà quelque confiance en moi.

— C'est vrai, monsieur; avant de venir ici, je craignais de n'avoir pas le courage de dicter ma lettre à quelqu'un que je ne connaissais pas : mais vous m'avez accueillie d'une manière si bonne, que je n'ai presque plus été embarrassée.

— Embarrassée! pourquoi, mon enfant? Je serais votre père, que je ne trouverais pas un mot à redire à la lettre que vous écrivez à... à M. Louis... et même, si je ne craignais d'abuser de cette confiance que vous dites avoir en moi... je vous demanderais... Mais non... ce serait trop indiscret.

— Que me demanderiez-vous, monsieur?

— Quel est ce M. Louis Richard?

— Mon Dieu! monsieur, ce n'est pas un secret. M. Louis est clerc de notaire; l'étude où il est employé se trouve dans la même maison que l'atelier où j'allais travailler; c'est ainsi que nous nous sommes connus, il y a aujourd'hui un an le 6 mai.

— Ah! je comprends maintenant pourquoi vous insistiez sur la date de votre lettre : c'est l'anniversaire de votre connaissance!

— Oui, monsieur.

— Vous vous aimez? Allons, ne rougissez pas, mon enfant, vous attendez sans doute le moment de vous marier?

— Oui, monsieur.

— Et la famille de M. Louis consent à ce mariage?

— M. Louis n'a plus que son père, monsieur, et nous espérons qu'il ne nous refusera pas son consentement.

— Et le père de Louis, quel homme est-ce?

— Le meilleur des pères, à ce que m'a dit M. Louis, et supportant sa pauvreté avec grand courage, quoiqu'il ait été à son aise autrefois; mais, à cette heure, M. Louis et son père sont aussi pauvres que nous deux ma marraine. C'est cela qui nous donne bon espoir pour notre mariage. Entre pauvres gens, il ne peut y avoir de difficultés.

— Et votre marraine, mon enfant, il me semble qu'elle ne vous rend pas la vie très-heureuse?

— Que voulez-vous, monsieur? il est si naturel d'être de mauvaise humeur quand on n'est presque plus un moment sans souffrir et qu'on n'a jamais eu que du malheur dans sa vie!

— Votre marraine est donc infirme?

— Elle a perdu la main, monsieur, et elle a une maladie de poitrine qui la tient au lit depuis plus d'un an.

— Perdu la main, comment?

— Elle était cardeuse de matelas, monsieur; elle s'est piquée, en travaillant, avec son aiguille à crochet, la piqûre s'est envenimée faute de soins, car ma marraine n'avait pas le temps de se faire soigner, et on a été obligé de lui couper le bras. De temps à autre la plaie se rouvre encore, et lui est bien sensible.

— Pauvre femme! dit le vieillard d'un air distrait.

— Quant à la maladie de poitrine de ma marraine, reprit Mariette, bien des cardeuses en sont atteintes comme elle, à ce que dit le médecin, parce qu'elles respirent sans cesse la poussière malsaine qui sort de la laine des matelas qu'elles battent. Ma marraine est comme courbée en deux, et presque toutes les nuits elle a des accès de toux si déchirants, qu'il faut que je la soutienne quelquefois dans mes bras pendant plusieurs heures.

— Ainsi votre seul travail fait vivre votre marraine?

— C'est tout simple, monsieur, elle ne peut plus gagner sa vie.

— Ce dévouement de votre part est généreux.

— Je fais ce que je dois, monsieur; ma marraine m'a recueillie chez elle après la mort de mes parents, elle a payé pour moi trois années d'apprentissage. Sans elle, je ne saurais pas l'état qui me fait vivre; n'est-il pas juste qu'elle profite maintenant de l'aide qu'elle m'a donnée autrefois?

— Et pour subvenir à ses besoins et aux vôtres, vous travaillez beaucoup sans doute?

— Le plus que je peux, monsieur, quinze à dix-huit heures par jour.

— Et la nuit, au lieu de prendre un repos nécessaire, vous veillez votre marraine?

— Qui la veillerait si ce n'est moi, monsieur?

— Mais pourquoi n'a-t-elle pas tâché d'entrer à l'hôpital?

— Le médecin a dit qu'on ne la garderait pas à l'hospice, parce que sa maladie de poitrine était incurable. Et puis d'ailleurs je ne sais si j'aurais eu le courage de l'abandonner ainsi.

— Allons, mon enfant, je ne m'étais pas trompé. Vous êtes une brave et digne jeune fille, dit le vieillard en tendant sa main à Mariette.

Dans ce mouvement, soit par maladresse, soit volontairement, l'écrivain public fit choir sur son bureau son encrier, de sorte que l'encre se renversa en partie sur la lettre, à laquelle il ne manquait plus que l'adresse.

— Ah! mon Dieu! quel malheur! s'écria Mariette. Voici la lettre toute pleine d'encre, monsieur.

— Maladroit que je suis, reprit le vieillard d'un air fâché. Mais il n'y a que demi-mal, la lettre n'est pas longue. J'écris vite, je ne vous demande que dix minutes pour la recopier, mon enfant; en même temps je la relirai tout haut, et vous verrez de sorte si vous trouvez quelque chose à changer ou à ajouter.

— Monsieur, excusez, mon Dieu! la peine que je vous donne.

— Tant pis pour moi, mon enfant. C'est ma faute, dit le vieillard.

Et il commença de relire la lettre à haute voix tout en écrivant, et comme s'il l'eût recopiée à mesure qu'il avançait dans cette lecture.

En se livrant à ce nouveau travail, une violente lutte intérieure semblait se réfléchir sur les traits de l'écrivain public : tantôt il soupirait d'un air satisfait et dégagé, tantôt au contraire il paraissait confus et évitait d'arrêter ses yeux sur la candide figure de Mariette. Celle-ci, accoudée sur la table, appuyant son front dans sa main, suivait d'un regard mélancolique et envieux la plume rapide du vieillard et les caractères qu'il traçait, caractères indéchiffrables pour elle, et qui cependant, se disait-elle, allaient reporter sa pensée à celui qu'elle aimait.

La jeune ouvrière n'ayant rien trouvé à retrancher ni à ajouter à sa missive ingénue, l'écrivain public la lui remit après l'avoir soigneusement cachetée.

— Monsieur, demanda timidement la jeune fille en tirant de sa poche une petite bourse contenant deux pièces de dix sous et quelques sous, combien vous dois-je?

— Cinquante centimes, répondit le vieillard après avoir hésité un instant, pensant que c'était peut-être au prix de son pain de la journée que la pauvre fille donnait de ses nouvelles à son amant. Cinquante centimes, reprit donc l'écrivain, et il est bien entendu, mon enfant, que je ne vous fais payer qu'une des deux lettres que j'ai écrites. Je suis seul responsable de ma maladresse.

— Vous êtes bien honnête, monsieur, dit Mariette, touchée de ce qu'elle regardait comme une preuve de la générosité de l'écrivain; puis, après avoir payé sa lettre, elle ajouta :

— Vous avez été si bon pour moi, monsieur, que j'ose vous demander un service.

— Parlez, mon enfant.

— Si j'avais d'autres lettres à faire écrire, il me serait presque impossible de m'adresser maintenant à d'autres qu'à vous, monsieur.

— Je serai à votre service.

— Ce n'est pas tout, monsieur, ma marraine est comme moi, elle ne sait ni lire ni écrire. J'avais une amie en qui je me confiais; mais elle est absente. Pourriez-vous, dans le cas où je recevrais une lettre de M. Louis, prendre la peine de me la lire? Je vous dicterais tout de suite après ma réponse.

— Certainement, mon enfant, je lirai vos lettres; apportez-les-moi toutes, répondit le vieillard en dissimulant sa satisfaction.

— C'est moi qui vous remercie de la confiance que vous me témoignez. A bientôt donc. Allons, vous sortez d'ici, je l'espère, moins embarrassée qu'en y entrant.

— C'est qu'aussi, monsieur, je ne m'attendais pas à trouver en vous tant de bonté.

— Adieu donc, mon enfant, habituez-vous à me regarder comme votre lecteur et votre secrétaire. Ne dirait-on pas maintenant que nous nous connaissons depuis dix ans !

— C'est bien vrai, monsieur. Au revoir.

— Au revoir, mon enfant.

Mariette venait à peine de sortir de l'échoppe de l'écrivain public, qu'un facteur poussa la porte et dit cordialement au vieillard, en lui remettant une lettre :

— Tenez, père Richard, voici pour vous une lettre de Dreux. Je n'aurai pas ainsi la peine de la porter jusque chez vous, rue de Grenelle, et vous l'aurez plus tôt.

— Une lettre de Dreux ! dit vivement le vieillard en la prenant. Merci, mon garçon.

Puis, examinant l'écriture, il se dit :

— C'est de Ramon, que va-t-il m'apprendre? que pense-t-il de mon fils? Ah ! que vont devenir maintenant des projets depuis si longtemps formés entre moi et Ramon?

— Père Richard, c'est six sous, dit le facteur en tirant le vieillard de sa rêverie.

— Six sous! s'écria l'écrivain public. Diable! elle n'est donc pas affranchie?

— Voyez le timbre, père Richard.

— C'est vrai, dit le vieillard en soupirant ; et tirant comme à regret de sa poche la pièce de dix sous qu'il venait de recevoir, il la remit au facteur.

Durant cet incident, Mariette s'était hâtée de retourner chez elle.

II

Mariette, après avoir quitté le Charnier des Innocents, arriva bientôt dans cette sombre et triste rue nommée rue des Prêtres-Saint-Germain-l'Auxerrois, et entra dans l'une des dernières maisons qui font face aux noires murailles de l'église. Après avoir traversé une allée obscure, Mariette commença à gravir un escalier délabré non moins obscur que l'allée, car il ne recevait de jour que par une cour si étroite, qu'elle ressemblait à un puits carré.

La loge de la portière était située à quelques marches du palier du premier étage; la jeune fille, s'arrêtant devant cette loge, dit à une femme qui s'y trouvait :

— Madame Justin, avez-vous eu la bonté de monter chez ma marraine voir si elle n'avait besoin de rien?

— Oui, mademoiselle Mariette, je lui ai porté son lait; mais elle est d'une humeur si massacrante, qu'elle m'a reçue comme un chien. Si ç'a n'avait été à cause de vous, je vous l'aurais joliment relevée du péché de paresse !

— Hélas ! madame Justin, il faut avoir pitié d'elle; elle souffre tant !

— C'est ça, vous l'excusez toujours, vous qui êtes son patira, mademoiselle Mariette ; ça prouve votre bon cœur, mais ça n'empêche pas que votre marraine soit méchante comme un âne rouge. Pauvre fille ! allez, on peut bien le dire, vous faites votre purgatoire d'avance, et s'il n'y avait pas de paradis, vous seriez volée.

— Adieu, madame Justin, je monte bien vite chez nous.

— Attendez donc un instant, j'ai là une lettre pour vous.

— Une lettre? s'écria Mariette en redevenant toute rouge et sentant son cœur battre d'aise et d'espoir.

— Une lettre de province ?

— Oui, mademoiselle, elle est timbrée de Dreux et coûte six sous. La voici. Il y a au coin de l'enveloppe : Très-pressée.

Mariette prit vivement la lettre, la mit dans son sein ; puis, tirant sa petite bourse, elle y prit la dernière pièce de dix sous qui s'y trouvait, et paya la lettre, qui lui rendit sa clef.

La jeune fille monta rapidement chez elle, à la fois heureuse, triste et inquiète ; heureuse d'avoir reçu une lettre de Louis, inquiète de la signification de ces mots : Très-pressée, inscrits sur un coin de l'enveloppe, ainsi que l'avait dit la portière ; triste, enfin, parce qu'il lui faudrait attendre plusieurs heures peut-être avant de savoir ce que

Louis lui écrivait, car elle craignait de s'absenter de nouveau après avoir laissé sa marraine si longtemps seule.

Mariette atteignit enfin le cinquième étage de cette maison délabrée, triste et empestée par les eaux d'immondices presque toujours croupissantes dans les plombs établis à chaque palier. Ce fut avec un grand battement de cœur que la jeune fille ouvrit la porte de la pauvre chambre lambrissée qu'elle occupait avec sa marraine. Celle-ci était couchée dans le seul lit que possédaient les deux femmes. Un mince matelas, alors roulé dans un coin et la nuit étendu sur le carreau, servait de couche à Mariette; une table à ouvrage, une vieille commode, deux chaises, quelques ustensiles de ménage accrochés au-dessus de la cheminée, située entre deux placards, tel était l'ameublement de ce logis, d'une extrême propreté cependant, et à peine éclairé par une petite fenêtre prenant jour sur la cour sombre et infecte.

Madame Lacombe (ainsi se nommait la malade) était une grande femme de cinquante ans environ, d'une maigreur et d'une pâleur effrayantes, d'une figure désagréable et dure ; un sourire amer, sardonique, causé par les longs ressentiments de la misère et de la douleur, contractait incessamment ses lèvres blafardes ; presque courbée en deux dans son lit, on ne voyait d'elle au dehors que son bras mutilé enveloppé de linges, et sa figure atrabilaire, coiffée d'un vieux bonnet d'où s'échappaient çà et là quelques longues mèches de cheveux gris.

Madame Lacombe semblait alors souffrante et courroucée; ses yeux caves brillaient d'un feu sombre. Elle fit un effort pour se retourner dans son lit, afin de mieux regarder sa filleule, et elle s'écria d'une voix menaçante :

— D'où viens-tu?

— Ma marraine, je...

— Coureuse!... Tu me laisses seule exprès, pour me faire damner, n'est-ce pas?

— Je suis restée à peine une heure dehors, ma marraine.

— Et tu espérais me trouver morte de rage en arrivant, hein?

— Oh ! mon Dieu, mon Dieu !

— Oui, va! pleurniche. Je ne suis pas ta dupe. Tu as assez de moi, tu en as trop ! Le jour où l'on clouera ma bière, ça sera fête pour toi, et aussi pour moi, car c'est trop souffrir ! Non, ajouta cette malheureuse en portant la main à sa poitrine et poussant un long et douloureux gémissement, mort et passion! C'est trop souffrir aussi !

Mariette essuya les larmes que lui arrachaient les sarcastiques duretés de la malade, s'approcha d'elle, et lui dit avec un accent de douceur angélique :

— Votre dernière nuit a été si mauvaise, que j'espérais que la journée serait bonne et que vous auriez un peu dormi ce matin pendant mon absence.

— Que je souffre ou que je crève, qu'est-ce que ça te fait, pourvu que tu t'en ailles courir les rues?

— Je suis sortie un instant ce matin parce que cela était nécessaire; mais, marraine, en m'en allant, j'avais prié madame Justin de...

— J'aimerais autant voir la mort que cette créature-là... Aussi, quand tu le peux, tu me l'envoies. C'est toujours ça en attendant.

Mariette sourit avec une amertume navrante, ne répondit rien à ce nouveau sarcasme, et reprit doucement :

— Ma marraine, voulez-vous que je panse votre bras?

— Non; l'heure est passée; tu l'as fait exprès.

— Je suis fâchée d'avoir été en retard; mais permettez-moi toujours de vous panser.

— Laisse-moi tranquille.

— Mais, ma marraine, la plaie s'aggravera.

— C'est ce que tu veux.

— Ma marraine, je vous en prie !

— Ne m'approche pas!

— J'attendrai, dit la jeune fille en soupirant.

Puis elle reprit :

— J'avais dit à madame Justin de vous monter votre lait; le voilà. Voulez-vous que je le fasse chauffer?

— Du lait, toujours du lait! le cœur m'en soulève. Le médecin avait ordonné de me donner du bon bouillon fait avec de la bonne viande et une moitié de poule. Ah ! bien oui; j'en ai eu lundi et mardi, et puis voilà... et nous sommes à dimanche.

— Ma marraine, ce n'est pas ma faute; le médecin ordonne(1), mais

(1) A propos des ordonnances de médecin, quelquefois en désaccord (quoique indispensables) avec les ressources des malades, nous avons conservé celle-ci, laissée à une pauvre femme de nos pays; elle était veuve, et en allant au

il faut trouver l'argent pour suivre ses ordonnances, et si je gagne vingt sous par jour maintenant, c'est à grand'peine.

— Tu ne regardes pas à la dépense pour ta toilette.

Mariette secoua tristement la tête et répondit avec une résignation touchante :

— Vous l'avez vu, j'ai passé l'hiver avec cette robe d'indienne, ma marraine. J'économise tant que je peux, et nous devons deux termes.

— Ça veut dire que je te suis à charge, n'est-ce pas? Voilà tes remerciments! Et je t'ai ramassée dans la rue! et je t'ai fait apprendre ton état! Va, ingrate! mauvais cœur!

— Non, ma marraine, je ne suis pas ingrate! Quand vous êtes moins souffrante, vous me rendez plus de justice, répondit Mariette contenant ses larmes. Mais, je vous en prie, ne restez pas ainsi sans rien prendre, cela vous fera mal.

— Je le sais bien, j'ai des crampes d'estomac à n'y pas tenir!

— Vous voyez! Tenez, prenez votre lait, je vous en prie, ma marraine.

— Va-t'en au diable avec ton lait! tu m'impatientes.

— Voulez-vous que j'aille vous chercher deux œufs frais?

— Non.

— Ou que je vous fasse cuire un peu de riz au beurre?

— Je veux du poulet.

— Ma marraine, c'est que...

— C'est que quoi?

— Je ne peux pas prendre un poulet à crédit.

— J'aurai assez d'un demi ou d'un quart. Tu avais ce matin vingt-sept sous dans ta bourse.

— C'est vrai, ma marraine.

— Alors, va m'acheter un quart de poulet chez le rôtisseur.

— Ma marraine, c'est que cet argent...

— Cet argent?

— Je ne l'ai plus. Il ne me reste que quelques sous.

— Et tes deux pièces de dix sous?

— Ma marraine...

— Répondras-tu? Tes deux pièces de dix sous, où sont-elles?

— Je... je ne sais, répondit la pauvre fille en rougissant et se reprochant la dépense de sa correspondance avec Louis. Ces petites pièces auront glissé de ma bourse, et je ne les ai pas retrouvées.

— Tu mens, tu rougis.

— Je vous assure...

— C'est ça, dit la malade avec un ricanement sardonique; pendant que je suis à râler de besoin sur mon grabat, elle aura été goinfrer des gâteaux!

— Moi, mon Dieu!

— Va-t'en! sors d'ici! laisse-moi crever de faim si tu veux, mais que je ne te voie pas!

Et cette malheureuse, poussée à bout par l'âcre ressentiment de sa souffrance et d'un malheur acharné, ajouta avec un éclat de rire d'une ironie sinistre :

— Tu tiens bien à me le faire boire, ce lait! Il y a peut-être quelque chose dedans... je te suis si à charge!

A cette accusation, encore plus insensée qu'elle n'était atroce, Mariette resta un moment interdite, car elle ne comprit pas tout d'abord le sens de ces horribles paroles; mais lorsqu'elle l'eut compris, elle se recula en joignant les mains avec effroi; puis, ne pouvant retenir ses sanglots et cédant à un mouvement irrésistible, elle se jeta au cou de la malade, l'enlaça de ses bras et la couvrit de larmes, de baisers, en murmurant d'une voix déchirante :

— Oh! marraine! marraine!

Cette protestation navrante contre une accusation qui ne pouvait naître que d'un cerveau délirant, rappela heureusement la malade à la raison; son cœur ulcéré, corrodé, se détendit un peu, et, ainsi que cela lui arrivait parfois, elle eut conscience de son affreuse injustice en sentant ruisseler sur ses joues fiévreuses les larmes de sa filleule.

bois et à la bruyère toute la journée, elle pouvait à peine, vu sa faiblesse (causée par une lente décomposition du sang), gagner cinq à six sous par jour.

Voici l'ordonnance :

Prendre tous les matins, à jeun, une cuillerée de vin de Séguin (à douze francs la bouteille).

Déjeuner avec des œufs frais et une côtelette grillée.

Prendre sur les deux heures un bon bouillon.

Dîner avec un potage gras, une tranche de bœuf grillée et des légumes.

Boire à chaque repas un verre de vin pur.

Se garantir surtout du froid et de l'humidité; exercice modéré par le beau temps.

Cette ordonnance, que l'on prendrait pour une ironie cruelle, ne contenait cependant que les prescriptions *indispensables*, faute desquelles la pauvre créature devait périr dans un temps donné et très-rapproché. (Eugène Sue.)

Madame Lacombe prit alors une des mains de Mariette dans la sienne, et, de son bras mutilé, tâcha de presser la jeune fille contre sa poitrine, en lui disant d'une voix émue :

— Allons, petite, ne pleure pas; es-tu bête! Tu ne vois pas que je disais ça en riant?

En riant! lugubre plaisanterie, digne, hélas! de cette sombre misère.

— C'est vrai, marraine, reprit Mariette en essuyant du revers de sa main ses yeux et ses joues baignés de pleurs; c'est vrai, j'ai eu tort de croire que vous parliez sérieusement; mais ça a été plus fort que moi.

— Que veux-tu? il faut avoir pitié de cette pauvre marraine, ma petite Mariette, reprit la malade avec un morne accablement. A force de souffrir, vois-tu, la *poche au fiel* aura crevé, et j'ai le cœur comme la bouche, amer, amer!

— Je sais bien que c'est malgré vous que vous vous emportez quelquefois, marraine. Dame! c'est si facile d'être toujours juste et content quand on est heureux; tandis que vous, vous ne l'avez guère été, heureuse.

— C'est vrai, dit la malade en éprouvant une sorte de satisfaction cruelle à justifier son caractère atrabilaire par l'énumération de ses griefs contre une implacable destinée; c'est vrai. Il y a beaucoup de sorts comme le mien, mais il n'y en a pas de pires. Battue en apprentissage, battue par mon mari jusqu'à ce qu'il se soit noyé étant soûl, devenue *poumonique* et estropiée dans mon état, je traîne mon boulet depuis cinquante ans, et bien malin serait celui qui pourrait me dire : « Femme Lacombe, vous avez été au moins une fois heureuse, là, ce qui s'appelle heureuse, pendant un jour, un seul jour de votre chienne de vie. » C'est pourtant vrai, ça, ma petite Mariette; j'ai eu, comme on dit, *une vie sans dimanches*, quand il y en a tant d'autres pour qui chaque jour est un dimanche.

— Pauvre marraine! je ne comprends que trop bien ce que vous avez dû souffrir, allez!

— Non, petite, non, tu ne peux pas comprendre cela, quoique tu aies déjà bien connu la peine avec tes dix-huit ans! mais au moins, toi, tu es gentille, et quand tu as un bonnet blanc et frais, avec un bout de ruban rose sur tes cheveux blonds, et que tu vois dans ton miroir ta jolie mine, tu as de petits moments de contentement.

— Marraine, écoutez; je...

— Je te dis que si, moi; ça contente toujours, sois franche, petite; avoue que tu es tout aise de te voir une *fiérotte* quand on se retourne pour te regarder, malgré ta mauvaise robe de deux sous et tes gros souliers lacés?

— Oh! pour ça, marraine, dès que je m'aperçois qu'on me regarde, ça me rend toute honteuse. Tenez, quand j'allais à l'atelier, il venait un monsieur qui me regardait toujours en venant parler à madame Jourdan; ça m'impatientait à mourir.

— Oui; mais au fond, ça contente, et quand tu seras vieille, tu te souviendras du temps jadis; tu auras du moins comme quelque chose qui reluira dans ta jeunesse; tandis que moi, je ne vois que du noir, et je ne sais plus seulement si j'ai été jeune; mais pour laide, j'en suis sûre.

— Oh! marraine!

— Si laide que j'en prenais les miroirs en grippe; aussi je n'ai pu trouver pour mari qu'un vieil ivrogne qui me rouait de coups, et je n'ai pas même eu la chance de me réjouir de sa mort, car il m'a fallu payer ses dettes de cabaret; enfin, comme je suis née coiffée, je suis devenue estropiée, incapable de travailler; je mourais de faim si je ne t'avais pas eue.

— Allons, marraine, vous n'êtes pas juste, dit Mariette avec un tendre sourire, voulant dissiper la noire humeur de madame Lacombe; vous avez, à ma connaissance, eu du moins un jour heureux dans votre vie.

— Lequel donc?

— Quand, après la mort de maman, votre voisine, vous m'avez prise avec vous par charité.

— Eh bien?...

— Est-ce que cette bonne action ne vous a pas satisfaite? Est-ce que ça n'a pas été, au moins pour vous, un jour heureux que celui-là, marraine?

— Si tu appelles ça un jour heureux... merci!

— Comment?

— Dis donc que ça a été un de mes jours pires, au contraire.

— Ah! marraine! dit tristement la jeune fille.

— Pardi! mon ivrogne de mari était mort, et, une fois ses dettes payées, je n'avais plus de soucis que pour moi; mais en me chargeant de toi, petite, c'est comme si je m'étais trouvée veuve avec un enfant sur les bras; et tu crois que c'est gai, toi, pour une femme qui déjà se suffit à peine à elle-même? Mais tu étais si gentille, avec ta petite tête frisée et tes yeux bleus; tu avais l'air si triste, agenouillée devant le corbillard de ta mère, que je n'ai pas eu le courage de te laisser aller aux Enfants-Trouvés. Aussi quelle mauvaise nuit j'ai passée en me demandant ce que je ferais de toi, ce que tu deviendrais si le travail venait à me manquer! Tiens, vois-tu, Mariette, j'aurais été ta mère, que je n'aurais pas été plus tourmentée; et tu appelles ça un jour heureux pour moi! Non, non! si j'avais été dans l'aisance, à la bonne heure! j'aurais dit : Le sort de cette petite est assuré; et c'est là une chose qui vous contente; mais te faire seulement changer de misère, il n'y a pas là de quoi être gaie.

— Pauvre marraine! dit la jeune fille profondément attendrie.

Puis, souriant dans ses larmes et voulant tâcher de rendre un peu de calme à cette âme si ulcérée, elle reprit :

— Eh bien, marraine, ne parlons pas de jours, mais seulement de moments; car moi, je veux vous trouver absolument en flagrant délit de bonheur, en ce moment, par exemple.

— En ce moment?...

— Vous êtes, j'en suis sûre, contente de ne plus me voir pleurer de chagrin comme tout à l'heure, et cela, marraine, grâce aux bonnes paroles que vous me dites.

La malade secoua tristement la tête.

— Quand mon humeur acariâtre s'apaise un peu, comme maintenant, sais-tu à quoi je pense?

— A quoi, marraine?

— Je me dis : Mariette est une bonne petite fille, c'est vrai, mais je suis presque toujours si dure, si injuste pour elle, qu'au fond elle doit me détester, et je le mérite.

— Allons, marraine, dit douloureusement la jeune fille, voilà que vous revenez à vos mauvaises pensées de tout à l'heure.

— Avoue que je ne me trompe pas. Eh! mon Dieu! je ne te dis pas cela pour te gronder! Tu as raison. Tu te tues de travail pour moi, tu me nourris, tu me sers, et le plus souvent je te paye en duretés... Va, pauvre petite, ma mort sera pour toi un bon débarras, et mieux vaut que l'homme à la bière vienne plus tôt que plus tard.

— Vous l'avez dit tout à l'heure, marraine : quand vous parlez de choses si vilaines et si tristes, c'est une plaisanterie, et je les prends ainsi, repartit Mariette en tâchant encore de sourire, bien qu'elle sentît de nouveau son cœur se briser en voyant la malade sur le point de retomber dans ses noires extravagances; mais celle-ci, touchée de l'expression d'angoisse qu'elle remarqua de nouveau sur les traits de sa filleule, lui dit :

— Puisque je plaisante, petite, ne prends donc pas un air si chagrin; voyons, allume le réchaud, fais-moi une soupe au lait, et, pendant qu'elle chauffera, tu panseras mon bras.

Mariette fut aussi contente de ces ordres de sa marraine que si elle lui eût dit les meilleures paroles; elle se hâta de prendre sur une planche du placard le seul morceau de pain qui restât céans, l'éminça dans un poêlon rempli de lait, alluma le réchaud, le porta sur le palier, et revint auprès de la malade. Celle-ci lui tendit alors son bras mutilé, qui, malgré la répugnance que devait lui inspirer une plaie putride, fut pansé par Mariette avec autant de patience que de dextérité.

La résignation de la jeune fille, son dévouement, ses prévenances, ses soins empressés, émurent de nouveau le cœur de madame Lacombe. Le pansement terminé, elle dit à sa filleule, sans pouvoir s'empêcher de joindre au témoignage de sa reconnaissance une comparaison amère :

— On vante les sœurs de charité; il n'y en a pas une qui mérite la moitié autant que toi, petite.

— Ah! marraine, ne dites pas cela.

— Est-ce que la plupart ne sont pas comme nous des enfants de misère?

— Mais les bonnes sœurs se dévouent à soigner des étrangers, marraine, tandis que vous êtes pour moi comme une mère. Je fais mon devoir, j'ai donc moins de mérite qu'elles.

— Oui, pauvre Mariette, parles-en de ma tendresse pour toi! elle est belle! Tout à l'heure encore je t'ai fait fondre en larmes, et sans doute je recommencerai demain.

Mariette, afin de s'épargner le chagrin de répondre aux amères paroles de sa marraine, alla chercher la soupe au lait, qu'elle apporta fumante après avoir éteint le réchaud.

La malade mangea cette soupe avec assez d'appétit; à la dernière cuillerée, elle dit à Mariette :

— Mais j'y songe, petite, et toi?

— Oh! moi, marraine, j'ai déjeuné, répondit la pauvre menteuse. Ce matin j'ai acheté un petit pain de seigle que j'ai mangé tout en

marchant. Mais laissez-moi arranger votre oreiller; vous pourrez peut-être dormir un peu; vous avez passé une si mauvaise nuit!

— Tu le sais bien; tu as toujours été sur pied.

— Bah! je ne suis pas très-dormeuse, moi, marraine, et la veille ne me fatigue pas. Allons, vous trouvez-vous mieux couchée ainsi?

— Oui. Merci, petite.

— Alors je vais prendre mon ouvrage et me mettre auprès de la fenêtre. Il fait si sombre, et j'ai un travail si vétilleux!

— Qu'est-ce que tu couds donc là?

— Oh! une pièce magnifique, marraine, une chemise de batiste superfine. Madame Jourdan m'a confié, en me recommandant bien de ne pas la perdre, cette superbe garniture de valenciennes, qui vaut à elle seule deux cents francs, ce qui mettra chaque chemise à trois cents francs pièce au moins, et il y en a deux douzaines à faire. Il paraît que c'est pour une demoiselle entretenue, ajouta naïvement Mariette.

La malade partit d'un éclat de rire sardonique.

— Qu'avez-vous, marraine? dit la jeune fille assez surprise.

— Une drôle d'idée.

— Ah! dit Mariette non sans appréhension, car elle connaissait le caractère habituel des plaisanteries de madame Lacombe, et quelle idée avez-vous, marraine?

— Je me demande à quoi ça sert qu'il y ait sur la terre tant de pauvre monde qui comme toi et moi, ne connaissent dans la vie que peine et misère; le sais-tu, petite, à quoi ça sert?

— Dame, marraine, que voulez-vous que je vous dise?

— Ça sert à ce qu'une honnête fille comme toi, qui n'a que deux ou trois mauvaises chemises de calicot rapiécées à se mettre sur le corps, gagne vingt sous par jour à coudre des chemises de trois cents francs pour.... Bon courage à l'ouvrage, petite! je vais tâcher de rêver cimetière par là-dessus!

Et la malade se retourna du côté de la ruelle, et ne dit plus rien.

Heureusement, Mariette avait le cœur trop pur et était trop préoccupée pour sentir la désespérante amertume des derniers sarcasmes de sa marraine; et, pendant que celle-ci était tournée du côté de la muraille, la jeune fille tira de son sein la lettre très-pressée que la portière lui avait remise, et, tout en continuant de travailler, elle posa cette lettre sur ses genoux et à l'abri des regards de la malade.

III

Mariette s'aperçut bientôt que sa marraine s'était endormie. Suspendant alors un instant son travail, la jeune fille, qui jusqu'alors avait couvé du regard la lettre de Louis Richard (dit fils de l'écrivain public), lettre posée sur ses genoux, la décacheta et l'ouvrit. Vaine et puérile curiosité! car, nous l'avons dit, la pauvre ouvrière ne savait pas lire. Aussi, rien n'était-il à la fois plus touchant et plus pénible que de voir la jeune fille contempler avec un vif battement de cœur ces caractères pour elle incompréhensibles; elle remarqua seulement, avec un mélange d'inquiétude et d'espoir, que la lettre était très-courte.

Cette lettre si courte et si pressée, ainsi que le marquait l'annotation visible à un coin de l'enveloppe, annonçait-elle une bonne ou une mauvaise nouvelle?

Mariette, les yeux fixés sur le mystérieux écrit, se perdait en conjectures, songeant qu'évidemment une lettre si brève, après une si longue séparation, annonçait quelque chose d'inattendu : soit un prochain retour, car si Louis devait arriver presque en même temps que sa lettre, il n'aurait pas eu besoin d'écrire; soit une mauvaise nouvelle imprévue qui ne laissait pas à Louis le temps de s'expliquer longuement.

Ces poignantes perplexités firent éprouver à Mariette un des mille tourments auxquels sont exposés les infortunés que le malheur ou l'abandon déshérite d'une éducation première. Tenir là, dans sa main, sous ses yeux, quelques lignes qui vous apportent la joie ou la douleur, et ne pouvoir pénétrer ce secret! être obligée d'aller demander à un étranger de lire ces lignes et de recevoir de sa bouche au moins indifférente l'annonce d'une nouvelle à laquelle votre vie est pour ainsi dire suspendue!

Telles étaient les réflexions de Mariette. Ses angoisses atteignirent bientôt à leur comble; aussi, voyant sa marraine continuer de dormir, elle résolut, au risque d'être cruellement traitée à son retour (les bons moments de madame Lacombe étaient rares), elle résolut de courir chez l'écrivain public. La jeune ouvrière se leva de sa chaise avec précaution afin de ne pas éveiller la malade; mais, au moment où elle s'approcha de la porte en marchant sur la pointe du pied, elle fut soudain arrêtée par une pensée désolante.

Elle ne pouvait faire lire sa lettre à l'écrivain public sans lui demander d'y répondre, réponse peut-être imposée par le contenu de la lettre de Louis; il faudrait donc encore payer le vieillard, et Mariette ne possédait plus que ce qu'il lui fallait pour acheter le pain de la journée, puisqu'elle devait solder comptant, le boulanger, déjà créancier d'une vingtaine de francs, refusant d'ouvrir un nouveau crédit. Mariette avait touché la veille *sa semaine*, ne montant qu'à cinq francs, les soins qu'elle donnait à sa marraine absorbant une partie de son temps. La plus grande partie de cette modique somme avait été employée à rembourser de quelques avances, et à donner un à-compte sur le blanchissage; il n'était resté à Mariette que vingt-cinq sous, sur lesquels elle avait déjà prélevé les frais de sa correspondance avec Louis.

En présence des besoins de sa marraine, et de sa position déjà si obérée, la pauvre enfant se reprochait cette dépense épistolaire comme une prodigalité coupable.

L'on sourira peut-être de pitié à la peinture de ces angoisses navrantes, de ces cruelles récriminations contre soi-même à propos de deux ou trois pièces de cinquante centimes. Hélas! il n'est pas de petite somme pour le malheureux; une augmentation de dix sous sur son salaire lui permet souvent de soutenir son existence au lieu de mourir un peu chaque jour et de sentir sa vie s'épuiser, se tarir dans une sorte d'agonie inconnue, état moyen entre la maladie et la santé, qui conduit prématurément tant de gens au tombeau.

Mariette, afin de s'épargner un surcroît de dépense, songea d'abord à faire lire la lettre de Louis par la portière; mais, craignant le bavardage et peut-être les railleries de cette femme, dans sa délicate susceptibilité, la jeune fille s'effraya, et elle préféra accomplir un pénible sacrifice. Il lui restait une robe d'une jolie étoffe qu'elle avait achetée au Temple et refaite à sa taille; elle la conservait, ainsi qu'on dit, pour les *grands jours*; deux ou trois fois seulement elle l'avait portée pour se faire belle et sortir avec Louis. Mariette mit en soupirant sa jolie robe dans un petit cabas de paille, y joignit un fichu de soie, afin de porter le tout au mont-de-piété. Tenant d'une main son petit paquet, et marchant légèrement afin de ne pas troubler le sommeil de sa marraine, la jeune ouvrière atteignait la porte lorsque madame Lacombe fit un mouvement et, s'éveillant à demi, murmura :

— Allons! elle sort encore! et...

Mais elle n'acheva pas, et retomba dans son assoupissement.

Mariette, profitant de cette circonstance, resta un moment immobile et muette, puis, ouvrant la porte avec la plus grande précaution, elle sortit, ôta la clef, qu'elle déposa en passant chez la portière, et se rendit en hâte au mont-de-piété. On lui prêta cinquante sous sur sa robe et son fichu. Munie de cette somme, Mariette courut au Charnier des Innocents, afin d'y retrouver l'écrivain public.

Depuis le départ de Mariette, et surtout depuis qu'il avait pris connaissance de la lettre qu'il avait écrite de Dreux dans la matinée, le vieillard réfléchissait avec une anxiété croissante aux entraves que pouvait apporter à ses projets le secret que le hasard lui avait fait découvrir lors de son entrevue avec la jeune fille. Soudain, il la vit paraître de nouveau à la porte de son échoppe. Ne cachant pas sa surprise, mais dissimulant les vagues inquiétudes que lui causait le retour subit de sa cliente, l'écrivain lui dit:

— Qu'y a-t-il, mon enfant? Je ne m'attendais pas à vous revoir sitôt?

— Monsieur, répondit Mariette en tirant de son sein la lettre qu'elle avait reçue, voici un mot de M. Louis. Je viens vous prier de me le lire, et d'y répondre si cela est nécessaire.

Et la jeune ouvrière, palpitant d'inquiétude et de curiosité, attendit la lecture de ces quelques lignes de Louis. L'écrivain public, qu'elle ne quittait pas du regard, lut en un instant cette courte missive, cacha difficilement la contrariété qu'elle lui fit éprouver; puis, soudain, feignant une douloureuse stupéfaction, il déchira la lettre, à la grande stupeur de Mariette, et s'écria:

— Ah! pauvre enfant!

Et il jeta les morceaux de la lettre sous son bureau, après les avoir froissés entre ses mains.

— Monsieur, dit Mariette en pâlissant, que faites-vous?

— Ah! pauvre enfant! répéta le vieillard d'un air consterné.

— Oh! mon Dieu! murmura la jeune fille en joignant les mains, il est arrivé malheur à M. Louis!

— Non, mon enfant, non; mais ce que vous pouvez faire de mieux, c'est de l'oublier.

— L'oublier!

— Oui, croyez-moi, renoncez à de trop chères espérances.

— Comment! M. Louis... Que lui est-il donc arrivé, mon Dieu?

— Tenez, ma pauvre enfant, c'est quelque chose de bien triste que l'ignorance, et cependant, en cette occasion, je vous plaindrais de savoir lire.

— Mais, monsieur, qu'y a-t-il dans cette lettre?

— Il ne faut plus songer à un mariage désormais impossible.

— M. Louis m'écrit cela?

— Oui, en faisant appel à la générosité, à la délicatesse de votre cœur.

— M. Louis me dit de renoncer à lui, et qu'il renonce à moi?

— Hélas! oui, pauvre enfant! Allons, du courage, de la résignation!

Mariette devint pâle comme une morte, garda un moment le silence, pendant que de grosses larmes coulaient de ses yeux; puis, se baissant soudain, elle ramassa les morceaux lacérés de la lettre, les remit à l'écrivain, et lui dit d'une voix altérée:

— Monsieur, j'aurai le courage de tout entendre : rajustez ces morceaux; j'écoute.

— Mon enfant, croyez-moi, n'insistez pas, je vous en supplie!

— Monsieur, lisez! par grâce, lisez!

— Mais...

— Ignorer ce que dit cette lettre, si pénible qu'elle me soit à entendre... Ah! tenez, monsieur, ce serait à en mourir!

— Je vous ai fait connaître le sens de ces lignes; épargnez-vous un nouveau coup.

— Monsieur, ayez pitié de moi! Si, comme vous me l'avez dit, je vous inspire quelque intérêt, lisez! au nom du ciel, lisez! Que je sache au moins toute l'étendue de mon malheur. Et puis, il y aura peut-être une ligne, un mot de consolation.

— Allons, pauvre enfant, puisque vous l'exigez, dit le vieillard en rajustant les morceaux à côté les uns des autres, pendant que Mariette, anéantie, les traits bouleversés, attachait un regard fixe et désolé sur l'écrivain public, écoutez donc cette lettre.

Et il lut:

« Ma chère Mariette,

« Je vous écris en hâte quelques mots; j'ai la mort dans l'âme. Il faut renoncer à nos projets; il s'agit pour moi d'assurer à mon père l'aisance et le repos pour ses vieux jours. Vous savez si j'aime mon père. J'ai donné parole. Nous ne pouvons plus nous voir.

« Une dernière prière : je l'adresse à la délicatesse, à la générosité de votre cœur; ne tentez pas de me revoir ou de changer ma résolution. Il me faudrait opter entre mon père et vous; peut-être, en vous revoyant, n'aurais-je plus le courage d'accomplir mon devoir de fils. Le sort de l'avenir de mon père est donc entre vos mains. Je compte sur la générosité de votre cœur. Adieu! la douleur me fait tomber la plume des mains.

« Encore adieu, et pour toujours adieu!

« Louis. »

Tant que dura la lecture de ce billet, Mariette aurait pu offrir à un peintre le triste modèle de la douleur : debout et immobile auprès du bureau de l'écrivain, les bras pendants, les mains jointes et les doigts entrelacés, muette, les lèvres agitées d'un tremblement convulsif, les yeux baissés et noyés de larmes qui coulaient sur ses joues, la pauvre créature écoutait encore, quoique le vieillard eût terminé sa lecture.

Le premier il rompit le silence, et dit:

— J'étais bien certain, mon enfant, que cette lettre vous ferait un mal affreux.

Mariette ne répondit rien.

— Mon enfant, reprit le père Richard, ne tremblez pas ainsi; asseyez-vous. Tenez, buvez un peu d'eau fraîche.

Mariette n'entendit pas; le regard toujours fixe et baigné de pleurs, elle murmura à mi-voix, avec une expression déchirante:

— Allons, c'est fini! rien, plus rien au monde! C'était trop heureux! Ah! je suis comme ma marraine : le bonheur n'est pas fait pour moi!

Puis elle ajouta avec un sanglot étouffé et un accent impossible à rendre:

— Enfin!

— Mon enfant, reprit le vieillard, involontairement ému de ce morne désespoir, de grâce, remettez-vous.

Ces paroles rappelèrent la jeune fille à elle-même; elle essuya ses yeux, et dit à l'écrivain d'une voix qu'elle tâcha de rendre assurée:

— Merci, monsieur.

Puis elle ramassa lentement sur la table les morceaux de la lettre lacérée.

— Que faites-vous? dit le père Richard avec inquiétude. A quoi bon conserver ces débris qui ne vous rappelleront que trop de douloureux souvenirs?

— La tombe de quelqu'un que l'on a bien aimé rappelle aussi de douloureux et chers souvenirs, répondit Mariette avec un sourire navrant, et pourtant on ne la délaisse pas, cette tombe!

Et après avoir réuni les morceaux de papier dans l'enveloppe, Mariette la mit dans son sein, et, croisant son petit châle, elle se disposa à sortir en disant au vieillard:

— Je vous remercie de votre complaisance, monsieur.

Et, par un scrupule de délicatesse, elle ajouta timidement:

— Quoiqu'il n'y ait pas eu de réponse à écrire à cette lettre, monsieur, je dois, après la peine que vous avez prise, vous offrir...

— Ce sera donc dix sous, comme pour une lettre, dit le vieillard en interrompant Mariette. Et, sans hésiter le moins du monde pour accepter cette rémunération, il la reçut, l'empochant avec une sorte de sensualité, malgré les émotions diverses dont il était agité depuis le retour de la jeune fille.

— Allons, mon enfant, au revoir, dit-il, et ce sera, je l'espère, dans des circonstances moins tristes.

— Que Dieu vous entende, monsieur! répondit Mariette.

Elle s'éloigna lentement, tandis que le père Richard, très-empressé de retourner chez lui, fermait les volets de son échoppe, terminant ainsi sa journée plus tôt que de coutume.

Mariette, en proie aux plus poignantes, aux plus noires idées, marcha machinalement devant elle, sans se rendre compte du chemin qu'elle suivait. Elle arriva ainsi aux environs du pont au Change.

A l'aspect de la rivière, la jeune fille tressaillit comme on s'éveille en sursaut d'un rêve, et murmura:

— C'est mon mauvais sort qui m'a amenée ici!

En traversant rapidement le trottoir, elle s'accouda au parapet, contemplant d'un œil fixe les eaux rapides du fleuve.

Peu à peu Mariette subit cette sorte de fascination étrange que cause l'attraction de l'abîme. A mesure que son regard suivait le courant, elle se sentait prise d'une sorte de vertige. Toujours accoudée au parapet, sa tête entre ses deux mains, elle se penchait de plus en plus au-dessus de la rivière.

— Là est pourtant l'oubli de tous les chagrins! se disait cette

Mariette.

malheureuse enfant; là est un refuge assuré contre toutes les misères, contre la crainte de la faim, de la maladie, ou d'une vieillesse malheureuse, malheureuse comme celle de ma marraine... Ma marraine! mais sans moi qu'est-ce qu'elle va devenir?

A ce moment Mariette se sentit saisie fortement par le bras, et entendit une voix lui dire d'un ton effrayé:

— Prenez donc garde, ma petite, vous allez tomber dans la rivière!

La jeune fille frémit, se redressa, jeta les yeux autour d'elle d'un air hagard, et vit une grosse femme, d'une bonne et honnête figure, qui reprit affectueusement:

— Savez-vous que vous êtes bien imprudente au moins, ma petite, de vous pencher ainsi sur le parapet. J'ai vu le moment où vos pieds allaient quitter terre.

— C'est que je ne faisais pas attention, madame; je vous remercie.

— Mais il faut faire attention, ma petite. Oh! mon Dieu! comme vous êtes pâle! est-ce que vous sentez mal?

— Non, madame... un peu de faiblesse seulement, dit Mariette, qui éprouvait une sorte d'étourdissement douloureux; ce ne sera rien.

— Appuyez-vous sur moi. Vous relevez sans doute de maladie?

— Oui, oui, madame, ajouta Mariette en passant ses mains sur son front. Où suis-je, s'il vous plaît?

— Entre le pont Neuf et le pont au Change, ma petite. Vous êtes étrangère à Paris, peut-être?

— Non, madame; mais tout à l'heure j'ai eu une espèce d'étourdissement. Maintenant cela passe, et je me reconnais.

— Vous ne voulez pas que je vous accompagne, mon enfant? dit cordialement la grosse femme. Vous tremblez de tout votre corps. Voyons, prenez mon bras.

— Je vous remercie, madame, je demeure tout près d'ici.

— Ça aurait été tout à votre service, ma petite. Allons, bon courage!

Et l'obligeante femme poursuivit sa route.

Mariette, revenue tout à fait à elle, n'en ressentit que plus amèrement son horrible chagrin, auquel se joignait la crainte d'être brutalement reçue par sa marraine, alors que la pauvre enfant aurait eu tant besoin de consolation, ou du moins de cet isolement, de ce calme morne où parfois la douleur s'engourdit.

Désirant conjurer les durs reproches que la prolongation de son absence pouvait lui attirer, et se rappelant le désir exprimé le matin par sa marraine de *manger du poulet*, Mariette espéra se faire pardonner sa sortie en satisfaisant au caprice de la malade, et, riche de ce qui lui restait des cinquante sous qu'on lui avait prêtés au mont-de-piété, elle entra chez un rôtisseur, acheta un quart de poulet, deux petits pains blancs chez un boulanger, et se hâta de rentrer au logis.

Un cabriolet assez élégant était arrêté à la porte de la maison où demeurait Mariette; elle ne remarqua pas d'abord cette circonstance, et s'arrêta chez la portière pour lui demander sa clef.

— Votre clef, mademoiselle Mariette? lui dit madame Justin; je ne l'ai pas : ce monsieur vient de la prendre à l'instant.

— Quel monsieur?

— Un monsieur décoré. Oh! oui, on peut dire qu'il est décoré, celui-là : un ruban de deux pouces qui vous fait les cornes! Je n'ai vu personne d'aussi décoré que ça!

— Mais, dit la jeune fille très-surprise, je ne connais pas de monsieur décoré; il se sera sans doute trompé!

— Oh! non, ma fille, il m'a demandé si c'était ici que demeurait une femme Lacombe, une estropiée qui habitait avec sa filleule, couturière de son état; vous voyez bien qu'il n'y a pas d'erreur.

— Vous n'avez donc pas dit à ce monsieur que ma marraine était malade et ne pouvait voir personne?

— Si, ma petite; mais il m'a répondu qu'il voulait lui parler tout de même, et qu'il venait pour une affaire très-importante et très-pressée; alors, moi, je lui ai donné la clef, et je l'ai laissé monter seul, ne me souciant pas d'être rudoyée par votre marraine.

— Je vais voir ce que c'est, madame Justin, dit Mariette.

Et, de plus en plus étonnée, elle atteignit le palier du cinquième étage. Là elle s'aperçut que l'étranger avait laissé la porte entr'ouverte, et ces mots arrivèrent jusqu'à elle :

— Puisque votre filleule est sortie, ma brave femme, cela se trouve à merveille, je vais donc m'expliquer clairement.

...On s'en va! mais je vous donne huit jours pour réfléchir. — Page 11.

ment. Mariette, au lieu d'entrer, céda à un sentiment de curiosité involontaire, et, restant sur le palier, elle écouta l'entretien de sa marraine et de l'étranger.

IV

Pendant que Mariette écoutait à la porte de la chambre où sa marraine s'entretenait avec un étranger, voici ce qui se disait et ce qui se passait dans cette chambre.

L'étranger, homme de quarante-cinq ans environ, d'une figure assez régulière, mais flétrie, creusée par les excès, portait de longues moustaches qu'un cosmétique quelconque rendait d'un noir aussi luisant et aussi cru que celui de sa chevelure artistement frisée, qui évidemment devait aussi à l'art son ébène menteur. La physionomie de cet homme offrait un mélange de fausseté, de ruse et d'impertinence. Il avait de gros pieds, de grosses mains, et, malgré ses visibles prétentions, on voyait qu'il était de ces gens vulgaires destinés non pas à imiter, mais à parodier la véritable élégance. Vêtu avec une recherche de mauvais goût, ayant un large ruban rouge noué au revers de la redingote, il affectait aussi de se donner une tournure militaire. Conservant son chapeau sur la tête, il s'était assis à quelque distance du lit de la malade, et, tout en causant avec elle, il mordillait la pomme d'une petite canne enrichie de pierres fines.

Madame Lacombe, déjà revenue à ses habitudes atrabilaires et sardoniques, regardait l'étranger avec autant de surprise que de méfiance, et, en attendant qu'il s'expliquât, elle commençait à ressentir à son égard une certaine aversion, causée par l'air insolent et protecteur de ce personnage.

— Puisque votre filleule est sortie, ma brave femme, avait dit l'étranger à la malade, cela se trouve à merveille, et je vais m'expliquer clairement.

C'est à ce moment que Mariette, arrivant sur le palier et trouvant la porte entre-bâillée, s'était arrêtée pour écouter. La jeune fille entendit donc l'entretien suivant :

— Monsieur, reprit la malade d'un ton revêche, vous m'avez demandé si j'étais la femme Lacombe, marraine de Mariette Moreau; je vous ai répondu que oui. Maintenant qu'est-ce que vous voulez? Expliquez-vous. — D'abord, ma brave femme... — Je m'appelle madame Lacombe!

— Diable! Eh bien donc, madame Lacombe, reprit l'étranger avec un accent de déférence moqueuse, je dois vous dire d'abord qui je suis; je vous dirai ensuite ce que je veux.

— Voyons.

— Je me nomme le commandant de la Miraudière. Puis, effleurant du doigt son ruban rouge, il ajouta : Ancien militaire, comme vous voyez, dix campagnes, cinq blessures.

— Ça m'est égal. Après?

— J'ai les plus belles connaissances de Paris, des ducs, des comtes, des marquis.

— Qu'est-ce que ça me fait, à moi!

— J'ai cabriolet, et je dépense au moins vingt mille francs par an.

— Pendant que moi et ma filleule crevons à moitié de faim avec nos vingt sous par jour, quand elle peut le gagner encore ! dit amèrement la malade. Voilà la justice du monde, pourtant !

— Non, ce n'est pas juste, ma brave maman Lacombe ! s'écria le commandant de la Miraudière. Non, cela n'est pas juste ! et je viens ici pour faire cesser cette injustice.

— Si c'est pour vous moquer de moi que vous êtes monté, reprit la malade d'un air sombre et courroucé, laissez-moi tranquille !

— Me moquer de vous, maman Lacombe, moi ! Tenez, jugez-en d'après ce que je viens vous offrir. Voulez-vous une belle chambre dans un joli appartement, une bonne pour vous servir, deux bons repas par jour, le café le matin, et cinquante francs par mois pour votre tabac, si vous prisez, ou pour vos petites fantaisies, si vous ne prisez pas, maman Lacombe ? Hein ! qu'est-ce que vous dites de ça ?

— Je dis... je dis... que ça c'est des menteries... ou bien qu'il y a quelque chose là-dessous. Quand on offre tant de choses à une pauvre vieille femme estropiée, ce n'est pas pour l'amour de Dieu, bien sûr !

— Non, maman Lacombe, mais pour l'amour de deux beaux yeux.

— Quels beaux yeux ?

— Ceux de votre filleule, maman Lacombe, répondit cyniquement le commandant de la Miraudière. Il n'y a pas besoin d'aller par quatre chemins.

La malade fit un mouvement de surprise, ne répondit rien, jeta d'abord un regard pénétrant sur l'étranger, et reprit :

— Vous connaissez donc Mariette ?

— J'ai été plusieurs fois faire des commandes de linge chez madame Jourdan, car j'aime fort le beau linge, moi, ajouta cet homme en jetant un regard complaisant sur les plis brodés de sa chemise. J'ai donc vu souvent votre filleule au magasin ; je l'ai trouvée charmante, adorable, et...

— Et vous venez me l'acheter !

— Bravo ! maman Lacombe ; vous êtes, je le vois, femme d'esprit et de bon sens ; vous comprenez pardieu les choses à demi-mot. Voici donc mes propositions : un joli appartement fraîchement meublé pour Mariette, avec qui vous logerez ; cinq cents francs par mois pour sa dépense, une femme de chambre, et une cuisinière qui vous servira de bonne, un trousseau convenable pour la petite, et une bourse de cinquante louis pour son entrée en *ménage*, sans compter les cadeaux si elle se conduit honnêtement. Voilà pour le solide. Quant à l'agrément, promenades en cabriolet, loges au spectacle (je connais beaucoup d'auteurs), et j'ai de superbes relations avec des dames très comme il faut, qui tiennent des tables d'hôte, donnent des bals, et font jouer à la bouillotte ; en un mot, une vie enchantée, maman Lacombe, une vie de duchesse ! Voyons, ça vous va-t-il ?

— Pourquoi donc pas ? dit la malade avec un sourire sardonique. Des canailles de pauvresses comme nous, ça n'est bon qu'à se vendre quand elles sont jeunes, ou qu'à vendre les autres quand elles sont vieilles !

— Allons, maman Lacombe, pour calmer vos honnêtes scrupules nous mettrons soixante francs par mois dans le bureau de bienfaisance, et vous ferai hommage d'un superbe châle *boiteux*, afin que vous représentiez dignement et maternellement auprès de Mariette, que vous ne quitterez pas plus que son ombre, car je suis jaloux comme un tigre, et n'aime point à être jobardé.

— Ça se trouve bien. Justement, ce matin, je disais à Mariette : Tu es une honnête fille, et tu gagnes à peine vingt sous par jour à coudre des chemises de trois cents francs pièce pour une femme entretenue.

— Des chemises de trois cents francs pièce commandées chez madame Jourdan ? Attendez donc... je connais ça ; mais oui, c'est pour Amandine, qui est entretenue par le marquis de Saint-Herem, mon intime. C'est moi qui ai donné sa pratique à madame Jourdan... une vraie fortune pour elle, quoique ce diable de marquis paye rarement : il aime mieux ça ; mais, en revanche, il met à la mode tous les fournisseurs qu'il prend et toutes les femmes qu'il a. Cette petite Amandine était la plus obscure des parfumeuses du passage Colbert, et, en six mois, Saint-Herem en a fait la femme la plus à la mode de Paris. Voilà pourtant où peut un jour arriver Mariette, maman Lacombe ! porter des chemises de trois cents francs pièce au lieu de les coudre ! Ça ne vous fait pas suer d'orgueil ?

— A moins qu'il n'arrive à Mariette ce qui est arrivé à une pauvre fille que j'ai connue, et qui s'était aussi perdue par misère.

— Et que lui est-il arrivé, à cette fille, maman Lacombe ?

— Elle a été volée.

— Volée ?

— On lui avait aussi promis des monts d'or ; son monsieur l'a logée en garni, et au bout de trois mois il l'a laissée sans le sou. Alors de désespoir elle s'est tuée.

— Ah çà ! maman Lacombe, dit l'étranger avec hauteur, pour qui me prenez-vous ? Est-ce que j'ai l'air d'un escroc, d'un *Robert-Macaire* ?

— Je n'en sais rien, je ne m'y connais pas.

— Moi, ancien militaire ! vingt campagnes, dix blessures ! moi qui suis à tu et à toi avec tous les *lions* de Paris ! moi qui ai cabriolet et qui dépense au moins vingt mille francs par an ! Voyons, parlez franchement, que diable ! sont-ce des sûretés, des avances que vous voulez ? Soit, l'appartement sera meublé dans huit jours, le bail signé demain en votre nom, avec payement par moi d'une année d'avance ; et de plus, si nous nous arrangeons, voilà, pour arrhes, vingt-cinq ou trente louis que j'ai sur moi, dit l'étranger.

Et, en effet, il tira de la poche de son gilet vingt-huit pièces d'or, qu'il jeta sur la table à ouvrage placée tout auprès du lit de la malade.

Puis il ajouta :

— Je ne suis pas comme vous, moi, maman Lacombe ; je n'ai pas peur d'être volé.

Au tintement de l'or, la malade se pencha vivement hors de son grabat, et jeta un regard d'âpre convoitise sur ces pièces étincelantes ; de sa vie cette femme n'avait eu en sa possession une pièce d'or : ces louis étalés devant elle lui causaient une sorte d'éblouissement ; elle ne put même s'empêcher de faire jouer et miroiter entre ses doigts le brillant métal.

— Allons donc ! se dit le tentateur avec un sourire de dédain ; il a fallu le montrer l'hameçon pour t'y faire mordre, vieille mégère !

— Enfin, dit la malade d'une voix avide et oppressée, enfin j'en aurai au moins touché de cet or !

— Ce n'est rien que de le toucher, maman Lacombe : le joli, c'est de le dépenser.

— Voilà pourtant, reprit-elle en empilant les louis avec une attention puérile ; voilà pourtant de quoi vivre bien à son aise pendant cinq ou six mois !

— Allons donc, maman Lacombe, c'est chaque mois que vous et Mariette vous auriez cette somme si vous le vouliez ; oui, cette somme en or, entendez-vous ? en bel et bon or comme celui-là !

Après un long silence, la malade leva ses yeux caves sur l'étranger et lui dit d'une voix émue, pénétrée :

— Monsieur, vous trouvez Mariette gentille ? Vous avez raison, il n'y a pas de meilleure créature au monde. Eh bien, soyez généreux envers elle ; cette somme que voilà, ce n'est pas grand'chose pour un homme riche comme vous : faites-nous-en cadeau.

— Hein ! s'écria l'étranger.

— Monsieur, reprit la malade en joignant les mains et avec un accent véritablement touchant, mon bon monsieur, soyez charitable ; cette somme n'est rien pour vous, et elle nous remettrait à flot pour longtemps ; nous payerions ce que nous devons ; Mariette ne serait plus obligée de se tuer de travail ; elle aurait le temps de chercher un ouvrage mieux payé, et nous devrions à votre bonté cinq ou six mois de tranquillité, de paradis. Nous vivons de si peu ! Voyons, mon digne monsieur, faites cela, vous nous bénirons, et il sera dit qu'une fois dans ma vie j'aurai eu du bonheur.

L'accent de la malade était si sincère, sa demande si naïve, que l'étranger fut encore plus blessé que surpris de cette proposition, ne pouvant ni croire ni comprendre qu'une créature humaine fût assez stupide pour faire sérieusement une pareille demande à un homme de sa sorte, et il se dit :

— C'est peu flatteur ! la vieille rouée me regarde comme un vieux *pigeonneau* bon à plumer.

Puis il ajouta tout en éclatant de rire :

— Ah çà, maman Lacombe, vous me prenez donc pour un philanthrope, pour un inspecteur du bureau de bienfaisance, ou pour un élève en prix Montyon ? Oui, oui, on vous en fera des charités de six cents francs, remboursables au porteur en bénédictions ou en reconnaissance à son ordre, merci ! En voilà une banque !

La malade avait cédé à une de ces folles et soudaines espérances qui parfois entraînent malgré eux les êtres les plus défiants, les plus endurcis par le malheur de leur implacable destinée : mais, confuse et irritée de sa lourde méprise, madame Lacombe reprit avec un ricanement sardonique :

— Pardon, excuse, monsieur, de vous avoir insulté.

— Il n'y a pas de quoi, maman Lacombe ; j'ai, vous le voyez, bien pris la chose ; mais finissons-en. Faut-il, oui ou non, que je rempoche ces beaux louis que vous aimez tant à manier ?

Et il avança la main vers les pièces d'or.

La malade, par un mouvement presque machinal, repoussa vivement la main de l'étranger ; ses yeux brillèrent de cupidité au fond de leur profonde orbite, et elle dit d'une voix sourde en couvant les louis du regard :

— Un moment, donc ! on ne vous le mangera pas, votre or !

— Mais ce que je vous demande, au contraire, à cor et à cri, maman Lacombe, c'est que vous le mangiez, cet or, à condition de...

— Je connais Mariette, répondit la malade, le regard toujours ardemment fixé sur les louis, elle ne voudra pas.

— Bah ! bah !

— Je vous dis qu'elle est honnête, moi ; elle pourrait, comme tant d'autres, écouter quelqu'un qui lui plaise, mais vous, jamais ; elle refuserait ; elle a ses idées ; oui, vous avez beau rire !

— D'accord ; je crois à la vertu de Mariette, car je sais ce que madame Jourdan me l'a dit, vous pouvez amener, et au besoin contraindre Mariette à accepter, quoi ? son bonheur ; car, après tout, vous êtes logées comme des mendiantes, vous mourez de faim. Or, si vous refusez, savez-vous ce qui arrivera ? Cette petite, avec son beau désintéressement, se laissera tôt ou tard enjôler par quelque mauvais gamin, ouvrier comme elle.

— C'est possible, mais elle n'aura pas vendu son âme.

— Ta, ta, ta ! ce sont des mots que cela, et un beau jour son amant la plantera là peut-être, et, pour ne pas mourir de faim, la petite finira comme tant d'autres, je vous en réponds !

— Oh ! c'est possible, dit la malade avec un gémissement courroucé, c'est une mauvaise conseillère que la faim, quand on pâtit pour soi et pour son enfant ! et avec cet or que voilà, combien l'on en sauverait, de ces pauvres filles ! et si Mariette devait finir comme elles, ne vaudrait-il pas mieux tout de suite ?

Et pendant quelques instants les émotions les plus diverses se peignirent sur les traits hâves et contractés de la malheureuse femme. Le regard toujours attaché sur les louis, elle parut en proie à une violente lutte intérieure ; puis, semblant faire un effort désespéré, et fermant soudain les yeux, comme pour échapper à la fascination de l'or, elle se rejeta sur son grabat en disant à l'étranger :

— Allez-vous-en, laissez-moi tranquille !

— Comment ! maman Lacombe, vous refusez ?

— Oui.

— Positivement ?

— Oui.

— Allons, je reprends cet or, dit l'étranger en ramassant lentement les louis et les faisant tinter. Je les remets dans ma poche, ces brillants jaunets.

— Que l'enfer vous confonde, vous et votre or ! s'écria la malade exaspérée : gardez-le, et surtout allez-vous-en tout de suite ; je n'ai pas recueilli Mariette pour la perdre ou pour lui conseiller de se perdre. Plutôt que de manger de ce pain-là, j'aimerais mieux allumer un réchaud de charbon et en finir tout de suite, nous deux, la petite et moi.

A peine madame Lacombe prononçait-elle les derniers mots, que Mariette pâle, indignée, les joues baignées de larmes, s'élança dans la chambre et se jeta au cou de la malade, en s'écriant :

— Oh ! marraine, je savais bien que vous m'aimiez comme votre fille !

Et, se retournant vers le commandant de la Miraudière, qu'elle reconnut, car souvent il l'avait obsédée de ses regards chez madame Jourdan, elle lui dit avec un profond dédain :

— Je vous prie de sortir d'ici, monsieur.

— Mais, chère petite colombe...

— J'étais là, monsieur, à cette porte ; j'ai tout entendu.

— Tant mieux ! vous savez mes offres, et je ne me dédis pas, ma belle !

— Encore une fois, je vous prie de sortir d'ici, monsieur !

— Bon, bon, l'on s'en va ! petite Lucrèce ! on s'en va ! mais je vous donne huit jours pour réfléchir, dit l'étranger en quittant la chambre.

Cependant il s'arrêta au seuil de la porte et ajouta :

— Vous n'oublierez pas mon nom, chère petite : le commandant de la Miraudière ; madame Jourdan sait mon adresse.

Et il disparut.

— Ah ! marraine, reprit la jeune fille en revenant auprès de la malade et l'embrassant avec une nouvelle effusion, comme vous m'avez défendue ! comme votre cœur a parlé pour moi !

— Oui, reprit aigrement la malade en se dégageant brusquement de l'étreinte de sa filleule, oui, et avec ces belles vertus-là, au lieu d'avoir tout à gogo, on crève de faim.

— Mais, ma marraine...

— Allons, c'est bon, c'est dit, s'écria la malade d'une voix acerbe et impatiente, c'est convenu : j'ai fait mon devoir, tu as fait le tien ; je suis une honnête femme, tu es une honnête fille. Grand bien t'en arrivera, et à moi aussi ! compte là-dessus !...

— Mon Dieu ! ma marraine, écoutez-moi...

— Je te dis, vois-tu, que si un beau matin on nous trouve ici, mortes, avec un réchaud de charbon entre nous deux, ça sera bien fait. Ah ! ah ! ah !...

Et en riant ainsi d'un rire sardonique, cette malheureuse créature, tellement ulcérée par le malheur que tout s'aigrissait en elle, tout, jusqu'à la conscience de son honnêteté, rompit l'entretien avec sa filleule et se retourna brusquement dans la ruelle de son grabat.

La nuit était à peu près venue.

Mariette alla prendre sur le carré où elle l'avait laissé son cabas, qui renfermait le produit de sa journée. Elle plaça ces aliments sur la table, près du lit, et alla ensuite silencieusement s'asseoir auprès de l'étroite fenêtre, à travers laquelle n'arrivait qu'un jour crépusculaire. Tirant alors de son sein les morceaux de la lettre de Louis, la jeune ouvrière se mit à les contempler, et tomba dans un abîme de désespoir.

Le commandant de la Miraudière, en quittant la chambre de Mariette, s'était dit :

— Bah ! bah ! c'est un premier coup de feu ; la petite réfléchira, et la vieille rouée se ravisera. Ses yeux de chouette papillotaient à l'aspect de mon or comme si elle eût regardé en plein midi. Et puis leur ignoble misère parlera pour moi : je ne désespère de rien. Deux mois d'une bonne vie pour la remplumer, et cette petite sera une des plus jolies filles de Paris ; cela me fera beaucoup d'honneur à peu de frais. Mais après les plaisirs songeons aux affaires. Et il s'agit d'en faire une excellente. Une vraie trouvaille, ajouta-t-il en montant dans son cabriolet, qu'il dirigea vers la rue Grenelle-Saint-Honoré. Devant le numéro 17, maison de modeste apparence, il descendit, et, s'adressant au portier :

— C'est ici que demeure M. Richard ?

— Le père et le fils logent ici, monsieur.

— Je voudrais parler au fils. M. Louis Richard est-il chez lui ?

— Oui, monsieur ; il vient à l'instant d'arriver de voyage, il est avec son père.

— Ah ! il est avec son père ! Je ne pourrais donc pas lui parler à lui seul ?

— Ils n'ont qu'une chambre pour eux deux ; c'est difficile, monsieur.

Le commandant de la Miraudière tira de son carnet une carte de visite où était son adresse, et il ajouta au crayon, au-dessous de son nom : « Attendra demain chez lui, de neuf à dix heures du matin, M. Louis Richard, pour une communication très-intéressante et qui ne souffre pas de retard. »

— Mon cher, dit alors M. de la Miraudière au portier, voici quarante sous pour boire.

— Merci, monsieur ; mais à propos de quoi ?

— A propos de cette carte, qu'il faudra remettre à M. Louis Richard.

— C'est bien facile, monsieur.

— Mais il faut seulement la lui remettre demain matin quand il sortira, et surtout sans que son père en ait connaissance ; vous comprenez ?

— Parfaitement, monsieur ; ça sera d'autant plus facile que M. Louis sort tous les matins sept heures pour se rendre à son étude, et que le père Richard ne va, lui, à son bureau d'écrivain public qu'à neuf heures.

— A merveille. Ainsi je peux compter sur votre promesse ?

— Oui, monsieur, vous pouvez regarder la commission comme si elle était faite.

Le commandant de la Miraudière remonta en cabriolet et s'éloigna.

Peu de temps après son départ, un facteur apporta une lettre pour Louis Richard, lettre écrite le matin même en présence de Mariette par l'écrivain public, qui, on le voit, avait adressé la lettre à Paris, rue de Grenelle, au lieu de l'adresser à Dreux, poste restante, ainsi que le lui avait demandé la jeune fille.

Nous introduirons maintenant le lecteur dans la chambre occupée par le père Richard et par son fils, qui venait d'arriver à l'instant de Dreux.

V

Le père Richard et son fils occupaient, au cinquième étage d'une vieille maison, une chambre qui aurait pu faire parfaitement le *pendant* de la demeure de Mariette et de sa marraine. Même misère, même dénûment : un grabat pour le père, un lit de sangle pour le fils, une table vermoulue, quelques chaises, une sorte de vieux bahut destiné à serrer les hardes; tel était l'ameublement.

Le père Richard, en revenant de son échoppe, avait acheté et mis sur la table le repas du soir : une appétissante tranche de jambon, dans un morceau de papier blanc servant d'assiette, et un pain de quatre livres tendre. Une bouteille d'eau fraîche était placée en regard d'une maigre chandelle, qui dissipait à peine les ténèbres de la chambre.

Louis Richard, âgé de vingt-cinq ans environ, avait une physionomie ouverte, remplie de douceur et d'intelligence; sa bonne grâce naturelle se faisait même jour sous ses habits râpés, usés, blanchis sur toutes les coutures.

Les traits de l'écrivain public exprimaient une grande joie, cependant tempérée par l'inquiétude que lui causaient, pour certains projets depuis longtemps caressés par lui, les divers événements de la journée.

Le jeune homme, après avoir déposé son modeste sac de nuit, venait d'embrasser son père, qu'il adorait. Le bonheur de se retrouver auprès de lui, la certitude de voir Mariette le lendemain, épanouissaient la figure de Louis et augmentaient sa bonne humeur naturelle.

— Ainsi, mon garçon, dit le vieillard en s'asseyant devant la table et dépeçant le jambon, tu as fait un bon voyage?

— Excellent, mon père.

— Ah çà! dis-moi ce que... Mais veux-tu dîner? Nous causerons en mangeant.

— Si je veux dîner, mon père! je le crois bien! je n'ai pas mangé à table d'hôte comme les autres voyageurs, et... pour cause, ajouta gaiement Louis en frappant sur son gousset vide.

— Ma foi! tu n'as rien à regretter, reprit le vieillard en partageant en deux portions inégales la tranche de jambon et donnant à son fils le plus gros morceau; ces dîners d'auberge sont chers et ne valent pas le diable.

Ce disant, il offrit à Louis un formidable *croûton* de pain tendre; puis le père et le fils se mirent bravement à manger, comme on dit, *sur le pouce*, arrosant leur repas de glorieuses rasades d'eau claire, et faisant tous deux preuve d'un robuste appétit.

L'entretien continua de la sorte pendant le dîner.

— Voyons, mon garçon, reprit le vieillard, conte-moi ton voyage.

— Ma foi, mon père, il est bien simple, ce voyage. Le notaire, mon patron, m'avait donné le projet de plusieurs actes à faire lire à M. Ramon. Il les a lus et étudiés, en y mettant, il faut le dire, le temps... cinq grands jours! après lesquels ce cauteleux personnage m'a remis lesdites paperasses annotées, commentées; puis, Dieu merci! me voilà.

— Dieu merci! Ah çà! est-ce que tu te serais ennuyé à Dreux?

— Je me suis ennuyé à la mort, mon bon père.

— Quel homme est-ce donc que ce M. Ramon, chez qui les gens s'ennuient si fort?

— La pire espèce d'homme qu'il y ait au monde, cher père... un avare!

— Hum! hum! fit le vieillard en toussant comme s'il eût avalé de travers. Ah! il est avare! Il faut qu'il soit riche, alors?

— Je n'en sais rien; mais l'on peut être avare d'une petite fortune comme d'une grande, et s'il faut mesurer les biens de ce M. Ramon à sa parcimonie, il doit être archimillionnaire... Vieil Harpagon, va!

Et Louis mordit son pain avec une sorte de frénésie.

— Entre nous, mon pauvre garçon, si tu avais été élevé dans le luxe et dans l'abondance, je concevrais tes récriminations à l'endroit de ce vieil Harpagon, comme tu dis; mais nous avons toujours vécu dans une telle pauvreté, que, si avare que soit ce M. Ramon, tu n'as pas dû trouver une grande différence entre son existence et la nôtre.

— Ah! mon père, que dites-vous là?

— Comment?

— M. Ramon a deux servantes, et nous n'en avons pas; il occupe une maison tout entière, et nous logeons tous deux dans cette mansarde; il a trois ou quatre plats à son dîner, et nous mangeons sur le pouce un morceau de n'importe quoi. Eh bien, nous vivons pourtant cent fois mieux que ce grippe-sous!

— Je ne te comprends pas, mon enfant, dit le père Richard, qui semblait de plus en plus contrarié du jugement que son fils portait sur son hôte de Dreux; il n'y a pourtant aucune comparaison à établir entre l'aisance de ce monsieur et notre pauvreté.

— Mon cher père, nous sommes franchement pauvres, au moins! Nous supportons gaiement nos privations, et si, dans mes jours d'ambition, j'ai rêvé quelquefois une vie un peu meilleure, vous le savez, ce n'est pas pour moi, car je me trouve satisfait de mon sort.

— Cher enfant, je connais ton bon cœur, je sais combien tu m'aimes, et ma seule consolation dans notre pauvreté est de savoir qu'au moins tu ne te plains pas de ta condition.

— M'en plaindre! est-ce que vous ne la partagez pas? Et puis, après tout, que nous manque-t-il? le superflu.

— Il nous manque au moins l'aisance.

— Ma foi, bon père, je ne m'en aperçois guère; nous ne mangeons pas de poulets truffés, c'est vrai, mais nous mangeons à notre faim et de franc appétit, témoin ce papier vide et la rapide disparition d'un pain de quatre livres à nous deux; nos habits sont râpés, mais ils sont chauds; notre chambre est au cinquième, mais elle nous abrite; nous gagnons à nous deux, bon an mal an, seize à dix-huit cents francs; ça n'est pas lourd, mais nous ne devons rien à personne. Allez, cher père, que le bon Dieu ne nous envoie jamais de plus mauvais jours, et je ne me plaindrai pas.

— Je ne peux te dire, mon enfant, combien tu me fais plaisir en me parlant de la sorte, en acceptant si résolument ton sort. Vrai! tu te trouves... tu t'es toujours trouvé heureux ainsi?

— Très-heureux.

— Bien vrai?

— Pourquoi vous tromperais-je? Voyons, bon père, ai-je jamais eu l'air soucieux, chagrin, comme tout homme mécontent de son sort?

— C'est qu'aussi tu as un si rare, un si excellent caractère!

— Ça dépend; car s'il me fallait, par exemple, vivre avec M. Ramon, cet abominable fesse-matthieu, je deviendrais insupportable, indomptable, hydrophobe!

— Mais qu'as-tu donc contre ce pauvre homme?

— Ce que j'ai? La rancune féroce qui résulte d'un supplice de cinq jours!

— Un supplice?

— Et qu'est-ce donc, cher père, qu'habiter une grande maison délabrée, si nue, si froide, si morne, qu'auprès d'elle une tombe paraîtrait une demeure réjouissante? Et puis voir dans ce grand sépulcre aller, venir, comme des ombres, deux vieilles servantes, mornes, maigres, affamées; et quels repas, grand Dieu! que ceux où le maître de la maison semble compter les morceaux que vous mangez! Et sa fille donc? (car ce malheureux-là a une fille, et son espèce se perpétuera peut-être, hélas!) Et sa fille, qui préparait sur la table la part insuffisante des domestiques, et allait serrer elle-même, sous des doubles tours de clef, les reliefs du maigre festin! Tout ce que je peux vous dire, cher père, c'est que moi, qui jouis d'un fameux appétit, comme vous savez, au bout de cinq minutes de séance à la table de cet Harpagon, j'étais rassasié, et, qui pis est, révolté! Car enfin, on n'est pas lourd, mais je suis de l'aisance, et l'avarice est hideuse; ou l'on est pauvre, et alors il est stupide de vouloir paraître jouir d'une certaine aisance.

— Ah! Louis, Louis, toi que j'ai connu toujours si bienveillant, je te trouve étrangement hostile à ce pauvre homme et à sa fille!

— Sa fille! peut-on appeler ça une fille?

— Que diable me chantes-tu là? C'est peut-être une licorne?

— Ma foi!

— Allons, tu es fou!

— Ah çà, mon père, comment voulez-vous donc qu'on nomme une grande créature sèche, hargneuse, maussade, avec des pieds et des mains comme un homme, une figure de casse-noisette, et un nez... ah! Dieu du ciel! quel nez! long de ça... et d'un rouge brique. Mais il faut être juste : en revanche, cette incomparable créature a les cheveux jaunes et les dents noires.

— Le portrait n'est pas flatté. Mais, que veux-tu, toutes les femmes ne peuvent être belles; va, crois-moi, souvent un bon cœur vaut mieux qu'une jolie mine; et, quant à moi, la laideur m'a toujours inspiré de la pitié.

— A moi aussi, mon père. J'avais d'abord grande envie de plaindre cette demoiselle en la voyant si disgracieuse, et surtout condamnée à vivre avec un homme tel que son grippe-sous de père. Que voulez-vous? en fait de père, vous m'avez gâté. Mais quand j'ai vu cette créature à *nez rouge* harceler, gronder sans cesse ses deux malheureuses servantes, leur mesurer des morceaux, renchérir encore d'avarice sur son père, et cela à propos des plus petites choses, alors ma première compassion s'est changée en aversion pour ce méchant *nez rouge,* et comme, de plus, il est dans la conversation très-sec et fort tranchant, ce *nez rouge* (au figuré, s'entend), malgré la bénignité de mon caractère, j'avais à chaque instant l'envie de contredire le *nez rouge* pour le vexer; mais, craignant de nuire aux intérêts de mon patron, qui m'avait envoyé chez ce vilain client, j'ai rongé mon frein.

— Et tu te dédommages, je l'espère!

— Tiens, ça soulage. Avoir eu pendant cinq grands jours ce *nez rouge* sur le cœur!

— Décidément, c'est un parti pris, une fâcheuse prévention, et je parierais, moi, que cette demoiselle, qui te paraît tranchante, avare et revêche, est tout simplement une femme d'un caractère ferme et d'habitudes ménagères.

— Cher père, qu'elle soit ce qu'elle voudra, peu m'importe! Seulement il y a dans certaines familles de bien singuliers contrastes.

— Que veux-tu dire?

— Figurez-vous ma surprise en voyant dans une des chambres de cette triste maison un portrait de femme d'une figure si charmante, si fine, si distinguée, que cette image semblait être placée là tout exprès pour faire continuellement dépit et injure au méchant *nez rouge.* Ce portrait, d'ailleurs, ressemblait à s'y méprendre à un de mes anciens camarades de collège. Frappé de cette circonstance, je demandai à l'harpagon quelle était cette peinture. Il me répondit d'un ton bourru que c'était le portrait de sa sœur, feu madame de Saint-Herem.

« — Cette dame serait-elle la mère d'un jeune homme nommé Saint-Herem? » demandai-je à mon hôte. Ah! ah! mon bon père! dit Louis en riant aux éclats; si tu savais!

— Eh bien! quoi?

— A voir la mine de M. Ramon en m'entendant seulement prononcer le nom de Saint-Herem, on aurait dit que je venais d'évoquer le diable, car le *nez rouge* s'est aussitôt signé d'un air pudibond et alarmé. (J'oubliais de te dire, pour compléter, que le *nez rouge* est très-dévot.) Alors son digne père s'est écrié qu'il avait en effet le malheur d'être l'oncle d'un infernal bandit nommé Saint-Herem.

— Ce M. de Saint-Herem est, je le vois, un homme de fort mauvaise réputation.

— Lui! Florestan! le plus brave, le plus charmant garçon du monde!

— Mais enfin, son oncle t'a dit que...

— Tiens, cher père, juges-en: au collège, moi et Saint-Herem nous étions très-liés; je l'avais depuis longtemps perdu de vue, lorsque, il y a six mois, passant sur le boulevard, je vois tout le monde s'arrêter pour regarder sur la chaussée; je fais comme tout le monde, et qu'est-ce que j'aperçois? Un phaéton attelé de deux magnifiques chevaux, avec deux petits domestiques derrière. Cet équipage était si élégant, si charmant, que tout le monde, je l'ai dit, se retournait pour l'admirer. Or sais-tu qui conduisait cette délicieuse voiture? Mon ancien camarade de collège, Saint-Herem, plus brillant, plus beau que jamais, car il était impossible d'avoir une plus jolie figure et une tournure plus distinguée.

— Ce M. de Saint-Herem m'a tout à fait l'air d'un dépensier, d'un prodigue.

— Attends donc la fin, cher père. Soudain l'équipage s'arrête, et, pendant que les petits domestiques, descendus de leur siège, se tiennent à la tête des chevaux, Saint-Herem saute de sa voiture, court à moi et m'embrasse, dans sa joie de me retrouver après une si longue séparation. J'étais vêtu comme un pauvre diable de clerc de notaire que je suis : ma vieille redingote marron, mon pantalon noir et mes souliers lacés. Tu me vois d'ici. Mais, cher père, avoue-le, bien des élégants, bien des *lions,* comme on dit, auraient reculé devant une accolade donnée en public à un gaillard fagoté comme je l'étais. Florestan n'y fit pas seulement attention, lui, tant il avait de plaisir à me revoir. Moi, j'étais tout heureux et presque honteux de cette preuve de son amitié, car nous faisions événement, à cause même du contraste. Saint-Herem s'en aperçut et me dit :

« — Ces gens-là sont stupides avec leur air ébahi. Où vas-tu?

« — A mon étude.

« — Allons, viens, je t'y mène : nous causerons plus longtemps.

« — Moi, lui dis-je, monter dans ton bel équipage, malgré mon parapluie, ma redingote marron et mes souliers lacés! » Florestan lève les épaules, me prend sous les bras, et, bon gré mal gré, me pousse dans sa voiture et me mène à mon étude. Pendant le trajet, Saint-Herem me fait promettre d'aller le voir, il descend à la porte de mon notaire. Eh bien, mon père, ne peut-on pas juger un homme d'après un trait pareil?

— Peuh!... fit le vieillard d'un air fort peu enthousiaste. C'est un premier bon mouvement, voilà tout; mais je me défie fort de tous ces gens à grand étalage. D'ailleurs tu n'es pas en position de fréquenter un si gros seigneur.

— Certes. Et cependant il m'a bien fallu tenir ma promesse d'aller déjeuner chez Florestan un dimanche. Brave garçon! il n'a reçu en grand seigneur quant au luxe et à la bonne chère; mais, quant au bon accueil, toujours en camarade, en vieil ami de collége; puis, quelque temps après, il est parti pour un voyage, et je ne l'ai p'us revu.

— C'est singulier, Louis, tu ne m'as jamais parlé de ce déjeuner.

— Il est vrai, mais sais-tu pourquoi? Je me suis dit : Ce pauvre bon père, qui m'aime tant, va peut-être s'imaginer, dans son inquiète sollicitude, que la vue du luxe de Florestan est capable de me tourner la tête, de me faire prendre en dégoût notre pauvre condition; ce soupçon seul serait un chagrin pour ce cher père : cachons-lui donc qu'une fois dans ma vie j'ai fait un déjeuner de Sardanapale, de Lucullus.

— Cher et brave enfant! dit le vieillard avec émotion, je comprends la délicatesse de ta conduite, j'en suis profondément touché; c'est pour moi une nouvelle preuve de ton bon et généreux cœur; mais écoute-moi, car c'est justement à ton cœur, à ta tendresse pour moi que je vais m'adresser.

— De quoi s'agit-il donc?

— Il s'agit de quelque chose de très-sérieux, de très-grave, non-seulement pour toi, mais pour moi.

La physionomie du vieillard devint presque solennelle en prononçant ces derniers mots. Le jeune homme le regarda avec surprise.

A cet instant, le portier vint frapper à la porte et entra :

— Monsieur Louis, dit-il, c'est une lettre pour vous.

— Bien, dit le jeune homme en prenant la lettre avec distraction, car il cherchait quel pouvait être l'objet du grave entretien que son père allait avoir avec lui.

Le portier, ne trouvant pas le moment opportun pour remettre au jeune homme la carte de visite laissée par le commandant de la Miraudière, ajouta en s'en allant :

— Monsieur Louis, si vous sortez ce soir, n'oubliez pas d'entrer à la loge, j'aurais quelque chose à vous dire.

— Bien, fit le jeune homme en n'attachant aucune importance à ces dernières paroles du portier, qui bientôt quitta la chambre.

Le père Richard avait d'un coup d'œil reconnu la lettre que le matin même, de son échoppe, il avait adressée à son fils, *à Paris, rue de Grenelle,* au lieu de l'adresser à Dreux, poste restante, ainsi que l'en avait prié la pauvre Mariette.

Un moment, le vieillard, instruit du contenu de cette lettre écrite par lui-même, fut sur le point de s'engager son fils à la lire immédiatement; mais, après réflexion, il adopta une idée contraire, et dit :

— Mon cher enfant, tu auras tout le temps de lire cette lettre. Maintenant écoute-moi, car, je te le répète, il s'agit d'une chose de la plus haute importance, et pour toi et pour moi.

— Je suis à vos ordres, mon bon père, répondit Louis en laissant sur la table la lettre qu'il venait de recevoir.

VI

Le père Richard garda un moment le silence, et, s'adressant à son fils :

— Je t'ai prévenu, mon enfant, que je voulais faire appel à ton bon cœur, à ta tendresse.

— Oh! alors, mon père, vous n'avez qu'à parler.

— Tu m'as dit tout à l'heure que si parfois tu rêvais une existence meilleure que la nôtre, ce n'était pas pour toi, satisfait de ton humble condition, que tu formais ce désir, mais pour moi.

— Cela est vrai.

— Eh bien! mon enfant, il dépend de toi de voir se réaliser ton désir.

— Que dites-vous?

— Écoute-moi. Des revers de fortune qui ont suivi de près la mort de ta mère, alors que tu étais encore enfant, m'ont enlevé le peu que nous possédions; il m'est à peine resté de quoi pourvoir à ton éducation. Cette somme dépensée, j'ai été réduit à prendre l'état d'écrivain public.

— Oui, mon bon père, répondit Louis avec émotion; et en voyant avec quel courage, avec quelle résignation, vous supportiez la mauvaise fortune, ma tendresse et ma vénération pour vous n'ont fait qu'augmenter.

— Cette mauvaise fortune, mon cher enfant, peut empirer; l'âge arrive, ma vue baisse, et je prévois avec tristesse qu'un jour viendra où il me sera impossible de gagner le peu qui nous aide à vivre.

— Mon père, comptez sur...

— Sur toi? j'y puis compter, je le sais; mais ton avenir, à Toi-même, est précaire; ton bâton de maréchal est de devenir second ou premier clerc, car il faut de l'argent pour acheter une étude, et je suis pauvre.

— Ne craignez rien, je gagnerai toujours assez pour nous deux.

— Et la maladie? Et les événements? Que de circonstances imprévues peuvent te rendre inoccupé pendant quelques mois! Alors, toi et moi, comment vivre?

— Mon bon père, si nous autres pauvres gens nous pensions à tout ce qui nous menace, nous perdrions courage. Fermons donc les yeux devant l'avenir, ne songeons qu'au présent; Dieu merci! il n'a rien d'effrayant.

— Oui, il est plus sage en effet, lorsque l'avenir est inquiétant, d'en détourner la vue; mais lorsqu'il peut être heureux et assuré, ne faut-il pas ouvrir les yeux au lieu de les fermer?

— Certes!

— Eh bien! je te le répète, il dépend de toi absolument de faire que notre avenir soit heureux et assuré.

— Alors, c'est fait. Seulement dites-moi comment?

— Je vais bien t'étonner. Ce pauvre M. Ramon, chez qui tu as passé quelques jours et que tu juges si mal, ce M. Ramon est un ancien ami à moi.

— Lui, votre ami?

— Ton voyage à Dreux était convenu entre lui et moi.

— Mais ces actes que tu m'as montrés...

— Ton patron avait obligeamment consenti à servir notre petite ruse, en te chargeant d'une feinte mission auprès de Ramon.

— Mais cette ruse, à quoi bon?

— Ramon voulait t'observer, t'étudier, te connaître, sans que tu t'en doutasses; et je dois te déclarer qu'il est enchanté de toi. Ce matin même, j'ai reçu de lui une longue lettre dans laquelle il me fait de toi le plus grand éloge.

— Je regrette de ne pouvoir lui rendre la pareille; mais quel intérêt y a-t-il pour moi à être bien ou mal jugé par M. Ramon?

— Un très-grand intérêt, mon cher enfant, car l'heureux avenir dont je parle était subordonné à l'opinion que Ramon aurait de toi.

— Mon père, c'est une énigme.

— Ramon, sans être ce qui s'appelle riche, a une certaine aisance que son économie augmente tous les jours.

— Peste! je le crois bien! Seulement je vous en demande pardon pour votre ami, ce que vous appelez économie est une sordide avarice.

— Soit! ne disputons pas sur les mots; mais enfin, par suite même de cette avarice, Ramon laissera après lui à sa fille une jolie fortune. Je dis après lui, car, de son vivant, Ramon ne donne rien.

— Cela ne m'étonne pas du tout; mais, en vérité, je ne comprends pas où vous voulez en venir, mon père.

— J'hésite un peu, parce que, si fausses, si injustes que soient les premières impressions, je sais combien elles sont tenaces, et tu as jugé si sévèrement mademoiselle Ramon.

— Le nez-rouge? Ah! dites donc que j'ai été très-indulgent pour lui!

— Tu reviendras, j'en suis certain, de ces préventions... Crois-moi, mademoiselle Ramon est de ces personnes qui gagnent à être connues, appréciées. Je te le répète, c'est une femme d'un esprit ferme et d'une piété exemplaire; peut-on désirer mieux pour une mère de famille?

— Une mère de famille? reprit Louis, qui jusqu'alors, très-loin de soupçonner ce dont il était menacé, commençait cependant de concevoir une crainte vague; une mère de famille? et que m'importe, à moi, que mademoiselle Ramon soit ou non bonne mère de famille?

— Cela doit t'importer plus qu'à personne.

— A moi?

— Certes.

— Et pourquoi cela? demanda Louis avec anxiété.

— Parce que mon plus vif, mon unique désir, dit résolûment le vieillard, serait de te voir épouser mademoiselle Ramon.

— Epouser mademoiselle Ramon! s'écria le malheureux Louis en se reculant sur sa chaise par un mouvement d'épouvante, et comme s'il eût vu soudain apparaître le nez-rouge; moi, épouser...

— Oui, mon enfant, s'écria le vieillard de sa voix la plus pénétrante, épouse mademoiselle Ramon, et notre sort est à jamais assuré. Nous allons habiter Dreux; la maison de Ramon est suffisante pour nous loger tous. Il ne donne rien en dot à sa fille; mais nous vivrons chez lui, c'est convenu d'avance, et il a pour toi la certitude d'une bonne petite place dans les contributions indirectes. Mais, à la mort de ton beau-père, tu hériteras d'une jolie fortune. Louis, mon fils, mon fils bien-aimé, ajouta le vieillard d'un ton suppliant et en serrant les mains de son fils entre les siennes, je t'en conjure, consens à ce mariage, et tu me rendras le plus heureux des hommes, car au moins je mourrai rassuré sur ton avenir.

— Ah! mon père, vous ne savez pas ce que vous me demandez là! répondit Louis avec autant d'accablement que de stupeur.

— Tu vas me dire que tu ne ressens aucun penchant pour mademoiselle Ramon. Eh! mon Dieu! en ménage, une mutuelle estime est suffisante, et tu m'accorderas du moins que cette estime, mademoiselle Ramon la mérite. Quant à son père, je comprends qu'à la rigueur ce que tu tiens à appeler son avarice t'ait d'abord choqué; mais elle te semblera moins odieuse lorsque tu réfléchiras qu'après tout c'est toi qui devras profiter un jour de cette... de cette avarice. Ramon est au fond un excellent homme; son seul désir est de laisser à sa fille et au mari qu'elle choisira une petite fortune; pour arriver à ce but, il renferme ses dépenses dans de sages limites; faut-il lui en faire un crime? Allons, Louis, mon cher enfant, réponds, donne-moi une bonne parole d'espoir.

— Mon père, dit le jeune homme d'une voix altérée, il m'en coûte de contrarier vos projets, mais ce que vous me demandez est impossible.

— Louis, est-ce bien toi qui me réponds ainsi lorsque je m'adresse à ton cœur, à ta tendresse pour moi?

— D'abord, il n'y a dans ce mariage aucun avantage personnel pour vous: vous ne songez qu'à moi.

— Comment! demeurer chez Ramon et vivre chez lui sans dépenser une obole! C'est convenu, te dis-je: il nous prend tous en pension gratuitement, au lieu de donner une dot à sa fille.

— Mon père, tant que j'aurai une goutte de sang dans les veines, vous ne recevrez l'aumône de personne. Bien des fois, déjà, je vous ai supplié d'abandonner votre profession d'écrivain public, me faisant fort de subvenir à vos modestes besoins par un surcroît de travail.

— Mais, malheureux enfant, si tu tombes malade, si l'âge me rend incapable de gagner ma vie, il me faudra donc aller à l'hôpital?

— J'ai foi en mon courage : je ne tomberai pas malade, et vous ne manquerez de rien mais, si j'avais le malheur d'épouser mademoiselle Ramon, je mourrais de chagrin.

— Louis, une telle réponse n'est pas sérieuse.

— Elle l'est, mon père. Dans votre aveugle tendresse, vous n'avez pensé qu'à me faire contracter une union avantageuse; je vous en suis profondément reconnaissant. Mais ne parlons plus de ce mariage : il est, je vous le dis, impossible.

— Louis!...

— J'éprouve et j'éprouverai toujours une aversion invincible pour mademoiselle Ramon; et puis, il faut bien vous l'avouer, j'aime une jeune fille, et celle-là seulement sera ma femme..

— Ah! mon enfant, autrefois j'avais ta confiance, et tu as pris une résolution si grave à mon insu!

— Je me suis tu jusqu'ici à ce sujet parce que je voulais que cette affection présentât des garanties de durée telles qu'il me fût permis de vous parler sérieusement de mes projets. Moi et la jeune fille que j'aime, nous étions convenus d'attendre une année, afin de voir si nos caractères sympathiseraient longtemps, et si ce que nous prenions à son début pour une passion réelle ne serait pas un attachement éphémère. Grâce à Dieu, notre amour a résisté à toutes les épreuves. L'année que nous avions fixée expire aujourd'hui même; je comptais voir demain la jeune fille dont je vous parle, afin d'être d'accord sur le jour où elle ferait sa demande à sa marraine, qui l'a élevée, et où je vous ferais ma demande de mon côté. Pardon, mon père, ajouta Louis en interrompant le vieillard qui allait prendre la parole, un mot encore : la jeune fille que j'aime est pauvre comme nous et ouvrière de son état; mais c'est le meilleur, le plus noble cœur que je connaisse. Jamais vous ne trouverez de fille plus dévouée. Le fruit de son travail et du mien suffira à nos besoins : elle est, ainsi que nous, habituée aux privations; je redoublerai de zèle, d'efforts, et, croyez-moi, vous trouverez le repos et les soins qui vous sont nécessaires. Permettez-moi un dernier mot : rien ne m'est plus pénible que de différer de vues avec vous; c'est la première fois, je crois, que cela m'arrive; aussi, je vous en supplie, épargnez-moi le chagrin de vous faire de nouveaux refus. N'insistez plus au sujet de ce mariage; je ne m'y résignerai jamais, je vous en donne ma parole, comme je vous jure aussi, par ma respectueuse affection pour vous, que je n'aurai jamais d'autre femme que Mariette Moreau.

Louis prononça cès derniers mots d'un ton à la fois si respectueux mais si résolu, que le vieillard, qui avait d'ailleurs une arrière-pensée, ne crut pas devoir alors persister, et répondit à son fils d'un air chagrin et fâché :

— Je ne puis croire, Louis, que toutes les raisons que je vous ai données en faveur de ce mariage restent sans valeur à vos yeux. J'ai plus de foi dans votre cœur que vous n'en avez vous-même; je suis certain qu'en réfléchissant vous reviendrez à des pensées plus sages.

— Mon père, ne l'espérez pas.

— Selon votre désir, je n'insisterai point, mais je compte, vous dis-je, sur vos réflexions. Je vous donne vingt-quatre heures pour prendre une résolution définitive. D'ici là, je vous promets de ne pas vous dire un mot de ce mariage, et je vous prie, à mon tour, de ne pas m'entretenir non plus de vos désirs. Après-demain nous aviserons.

— Soit, mon père, mais je vous assure que ce délai expiré, je...

— Nous sommes convenus de ne plus parler de cette affaire, dit le vieillard en se levant.

Et il se promena silencieux dans la chambre, jetant parfois à la dérobée un regard sur Louis, qui, la tête appuyée dans ses deux mains, restait pensif et accoudé sur la table où était déposée la lettre qu'on lui avait remise quelques instants auparavant.

VII

Louis Richard ayant jeté les yeux sur la lettre qui se trouvait presque devant lui, et dont l'écriture lui était inconnue, la décacheta machinalement.

Le vieillard, tout en continuant de se promener silencieusement dans la chambre, suivait son fils de l'œil.

Soudain il le vit pâlir, passer la main sur son front, comme pour s'assurer qu'il n'était pas dupe d'une illusion, puis relire avec une angoisse croissante cette lettre, à laquelle il semblait ne pouvoir se décider à croire.

Cette lettre, que, le matin, le père Richard, contrefaisant son écriture, avait paru recopier d'après la première dictée de Mariette, loin de reproduire les pensées de la jeune ouvrière, était ainsi conçue :

« Monsieur Louis,

« Je profite de votre absence pour vous faire part de ce que je n'aurais pas osé vous dire; depuis plus de deux mois je remets à vous avouer cela, de peur de vous faire peut-être de la peine. Il faut renoncer à nos projets de mariage, monsieur Louis, et même à nous voir.

« Il m'est impossible de vous dire la cause de ce changement, mais croyez que ma résolution est bien prise. Si je ne vous en prévenais qu'aujourd'hui, le six mai, monsieur Louis, le six mai, c'est que j'ai voulu bien réfléchir une dernière fois, et surtout en votre absence, avant de vous apprendre ma détermination.

« Adieu, monsieur Louis. Ne cherchez pas à me revoir; cela serait inutile et ne servirait qu'à me causer de grands chagrins. Si, au contraire, vous m'oubliez tout à fait, et si vous ne tâchez pas de vous rapprocher de moi, mon bonheur, ainsi que celui de ma pauvre marraine, est assuré.

« C'est donc au nom de notre bonheur à toutes deux, et de notre tranquillité, monsieur Louis, que je vous supplie de ne plus nous voir.

« Vous avez si bon cœur que vous ne voudrez pas me causer des peines qui ne vous serviraient à rien, car, je vous le jure, tout est fini pour toujours entre nous deux. Vous n'essayerez pas, je l'espère, de vouloir revenir malgré moi lorsque je vous déclare que je ne vous aime plus que de bonne amitié.

« MARIETTE MOREAU.

« P. S. Au lieu de vous adresser cette lettre à Dreux, comme vous me l'aviez dit, je vous l'adresse à Paris, afin que vous la trouviez à votre retour. Augustine, qui, vous le savez, écrivait pour moi, étant à son pays, c'est une autre personne qui écrit.

« J'oubliais de vous dire que l'état de ma marraine est toujours le même. »

La lecture de cette lettre plongea Louis dans une stupeur accablante. L'ingénuité du style, ses détails intimes, le rappel de la date du 6 mai, tout le devait persuader que ces lignes avaient été dictées par Mariette. Aussi, après s'être demandé quelle pouvait être la cause de cette rupture aussi brusque qu'inattendue, la douleur, le dépit, la colère, l'amour-propre froissé, agitèrent violemment le cœur du jeune homme, et il murmura :

— Oh! non, je ne la verrai plus! Elle n'a pas besoin de me le défendre avec tant d'insistance et de dureté!

Ces paroles remplirent d'aise le vieillard, qui, tout en continuant de se promener d'un air absorbé, épiait les suites de son stratagème.

Mais bientôt la douleur dominant la colère dans le cœur de Louis, son amour se réveilla plus tendre, plus passionné que jamais; il tâcha de se rappeler les moindres détails de sa dernière entrevue avec Mariette; il s'interrogea sur les derniers mois de leurs relations. Il lui fut impossible de trouver dans ses souvenirs la moindre trace de refroidissement de la part de la jeune fille; jamais au contraire elle n'avait paru plus aimante, plus dévouée, plus impatiente d'unir son sort au sien; et toutes ces apparences mentaient! Mariette était un monstre de dissimulation, elle qu'il avait toujours crue si pure, si candide!

Louis ne pouvait se résoudre à accepter une pareille déception. Impatient de découvrir le mystère qui semblait entourer la conduite étrange de Mariette, incapable d'endurer plus longtemps ses angoisses, il résolut de se rendre sur-le-champ chez elle, au risque d'indisposer sa marraine, qui, de même que le père Richard, avait ignoré jusqu'alors l'amour de Louis et de Mariette.

Aucune des émotions dont le jeune homme venait d'être tour à tour agité n'avait échappé au vieillard, qui suivait attentivement les effets de sa ruse. Aussi, croyant le moment d'agir opportun, il dit à son fils, après mûres réflexions :

— Louis, j'ai pensé qu'il serait bon que demain matin, de très-bonne heure, nous partissions pour Dreux, car si nous ne prévenons pas l'arrivée de Ramon, il sera ici après-demain, ainsi que nous en sommes convenus.

— Mon père!

— Cela, mon ami, reprit le vieillard en attachant un regard pénétrant sur son fils, cela ne t'engagera nullement, et si tu dois résister au vœu le plus cher de ma vie, je te demande seulement, comme satisfaction dernière, de passer quelques jours auprès de Ramon et sa fille. Tu seras ensuite libre d'agir comme tu le voudras.

Mais, voyant Louis prendre son chapeau et s'apprêtant à sortir, le père Richard s'écria :

— Que fais-tu? où vas-tu?

— Je me sens un peu de mal de tête, mon père; je vais faire un tour dehors.

— Je t'en prie, mon ami, dit le vieillard avec une inquiétude croissante, ne sors pas; tu as l'air abattu, consterné, depuis la lecture de cette lettre. Tu m'alarmes!

— Moi, mon père? vous vous trompez, je n'ai rien. Cette lettre est fort insignifiante, je vous assure. J'ai un peu de migraine, voilà tout; je reviens dans l'instant.

Et Louis sortit brusquement.

Au moment où il passait devant la loge du portier, celui-ci l'appela et lui dit d'un air mystérieux :

— Monsieur Louis, on vous avais recommandé d'entrer à la loge parce que j'ai quelque chose à vous remettre à vous, à vous seul. Entrez donc.

— Qu'y a-t-il? demanda Louis en entrant dans la loge.

— Voici une carte qu'un monsieur décoré m'a remise tantôt pour vous; il est descendu d'un superbe cabriolet, et il a dit que c'était très-pressé.

Louis prit la carte, s'approcha d'une lampe et lut :

« LE COMMANDANT DE LA MIRAUDIÈRE,
« 17, rue du Mont-Blanc,

« Attendra demain matin chez lui M. Louis Richard pour une communication très-intéressante, et qui ne souffre pas de retard. »

— Le commandant de la Miraudière? je ne connais pas ce nom, dit Louis en examinant la carte; puis, en la retournant machinalement, il aperçut sur l'envers ces autres mots écrits au crayon :

« Mariette Moreau, chez madame Lacombe, rue des Prêtres-Saint-Germain-l'Auxerrois. »

En effet, M. de la Miraudière ayant noté sur le revers de l'une de ses cartes de visite, afin de ne pas les oublier, l'adresse et le nom de Mariette et de sa marraine, avait, sans y songer, écrit sur cette même carte, laissée chez Louis, la demande d'entrevue qu'il sollicitait de lui.

Le jeune homme, dans une surprise et une perplexité croissantes, cherchait à pénétrer quel rapport pouvait exister entre Mariette et cet étranger dont il recevait la carte. Après un moment de silence, il dit au portier :

— Le monsieur qui a laissé cette carte n'a rien dit pour moi ?

— Si, monsieur Louis : il m'a recommandé de ne vous remettre sa carte que lorsque votre père ne serait pas là.

— Cela est étrange, pensa le jeune homme.

— A telle enseigne, monsieur Louis, reprit le portier, qu'il m'a donné quarante sous pour boire, afin d'être sûr que sa commission serait bien faite.

— Et quel homme est-ce ? jeune ou vieux ?

— C'est, ma foi, un très-bel homme, monsieur Louis ; un très-bel homme décoré ; moustaches et favoris noirs comme de l'encre, et mis comme un prince, sans compter son superbe cabriolet.

Louis sortit la tête perdue. Ce nouvel incident redoublait ses angoisses. A force de chercher le motif de la brusque rupture de Mariette, il ressentit bientôt la morsure aiguë de la jalousie. Une fois sous cette impression, les soupçons les plus insensés, les craintes les plus chimériques prirent à ses yeux l'apparence de la réalité ; il en vint à se demander si l'étranger dont il avait reçu la carte n'était pas un rival. Quels rapports, en effet, Mariette et sa tante pouvaient-elles avoir dans leur misère avec un jeune homme riche et beau ?

Dans sa lettre, Mariette suppliait Louis de ne pas chercher à la voir, ce rapprochement, disait-elle, pouvant compromettre son bonheur et celui de sa marraine. Louis connaissait la misérable position des deux femmes. Il avait maintes fois reçu des confidences de la jeune fille sur le caractère chagrin et atrabilaire de madame Lacombe. Une horrible pensée lui traversait l'esprit. Peut-être Mariette, autant par misère que par l'obsession de sa marraine, avait écouté les brillantes propositions de l'homme dont il venait de recevoir la carte. Mais, dans ce cas, quel pouvait être le but de l'entrevue que lui demandait cet homme ? La tête de Louis se perdait à pénétrer ce mystère.

Une fois lancés dans la voie vertigineuse de la jalousie, les amoureux se laissent presque toujours entraîner de préférence aux idées les plus extravagantes. Il en fut ainsi de Louis. En se supposant trahi pour

un rival, il trouvait la clef de ce qu'il y avait d'inexplicable dans la lettre et dans la conduite de Mariette ; il s'obstina donc à croire à une infidélité, en attendant le moment de son entretien avec le commandant de la Miraudière, dont il comptait exiger une explication et des éclaircissements.

Dans l'état d'angoisse et de douloureuse excitation où il se trouvait, Louis abandonna sa première résolution et ne se rendit pas chez Mariette. Vers minuit, il revint chez son père. Celui-ci, rassuré par la sombre physionomie de Louis, et certain qu'il n'avait pu revoir la jeune fille et reconnaître ainsi l'erreur dont tous deux étaient victimes, proposa de nouveau à son fils de partir pour Dreux le lendemain matin. Louis répondit qu'il désirait réfléchir sur cette grave démarche, et se jeta désespéré sur son lit.

La nuit ne fut pour ce malheureux qu'une longue et cruelle insomnie. Au point du jour, devançant le réveil du vieillard dont il voulait éviter les questions, il sortit, et, après avoir attendu sur le boulevard dans une anxiété mortelle l'heure de son entrevue avec le commandant de la Miraudière, il se rendit enfin chez ce personnage.

Madame Lacombe.

VIII

Lorsque Louis Richard se présenta chez le commandant de la Miraudière, celui-ci, enveloppé d'une magnifique robe de chambre, assis devant son bureau, fumait son cigare, tout en classant dans un portefeuille une grande quantité de billets et de lettres de change. Son domestique entra et lui annonça :

— M. Richard.

M. de la Miraudière se leva vivement et dit :

— Priez M. Richard d'attendre un moment dans mon salon ; quand je sonnerai, vous l'introduirez.

Le domestique sortit. M. de la Miraudière ouvrit un des tiroirs de son bureau formant caisse de sûreté, y prit vingt-cinq billets de mille francs qu'il mit à côté d'une de ces feuilles de papier timbré destinées à faire des actes, puis il sonna.

Louis Richard entra, l'air sombre, embarrassé. Son cœur battait violemment en songeant qu'il se trouvait peut-être devant un rival heureux, car le pauvre garçon, comme tous les amoureux sincères et candides, s'exagérait les avantages de celui qu'il se croyait préféré. Aussi M. de la Miraudière, drapé dans sa robe de chambre de damas, et occupant un appartement assez élégant, semblait à Louis un concurrent fort redoutable auprès de Mariette.

— C'est à monsieur Louis Richard que j'ai l'honneur de parler ? dit M. de la Miraudière avec le plus aimable sourire.

— Oui, monsieur.

— Fils unique de M. Richard, écrivain public?

Ces derniers mots furent prononcés d'un air à demi sardonique. Louis s'en aperçut et répondit d'un ton sec :

— Oui, monsieur, mon père est écrivain public.

— Excusez-moi, mon cher monsieur, de vous avoir dérangé, mais j'avais à vous parler en particulier. Cette conférence me paraissait fort difficile chez vous. Voilà pourquoi je vous ai prié de vous donner la peine de passer chez moi.

— Maintenant, monsieur, puis-je savoir ce que vous me voulez?

— Vous offrir mes services, mon cher monsieur Richard, dit M. de la Miraudière d'un ton insinuant, car je serais très-heureux de pouvoir vous appeler mon cher client.

— Votre client? moi! Mais qui êtes-vous donc, monsieur?

— Ancien militaire, chef d'escadron en retraite, vingt campagnes, dix blessures, et homme d'affaires pour passer mon temps. J'ai de gros capitalistes dans ma manche, et je suis en maintes circonstances leur intermédiaire auprès de jeunes gens de famille.

— Je ne vois pas, monsieur, quels services vous pouvez me rendre.

— Quels services mon jeune ami (permettez à un ancien, à un troupier de vous donner ce nom)? quels services? Vous me demandez cela et vous êtes clerc de notaire! Vous végétez, vous partagez une misérable mansarde avec votre père, et vous êtes vêtu... Dieu sait comme!

— Monsieur! s'écria Louis en devenant pourpre d'indignation.

— Permettez, mon jeune ami, ce sont des faits que je précise avec chagrin, je dirais presque avec indignation. Morbleu! un jeune homme comme vous devrait dépenser vingt-cinq à trente mille francs par an, avoir des chevaux, des maîtresses, et passer la vie douce et joyeuse.

— Monsieur! s'écria Louis en se contenant à peine, est-ce une plaisanterie? Je ne suis pas d'humeur à l'endurer, je vous en préviens.

— Je suis ancien militaire, et j'ai fait mes preuves, mon jeune ami, dit M. de la Miraudière d'un air matamore; c'est vous dire que je puis laisser passer certaines vivacités, qu'excuse d'ailleurs; car, je l'avoue, ce que je vous dis doit vous sembler extraordinaire.

— Fort extraordinaire, monsieur!

— Voici, du moins, mon jeune ami, qui vous convaincra que je parle sérieusement, ajouta notre homme en étalant les billets de mille francs sur son bureau. Voici vingt-cinq mille francs que je se-

rais enchanté de mettre à votre disposition pour vous établir en jeune homme de bonne famille, et, de plus, tous les mois, je tiendrai à votre service deux mille cinq cents francs; je vous offre ces avances pendant cinq ans, nous compterons ensuite.

Louis regardait M. de la Miraudière d'un air abasourdi, croyant à peine ce qu'il entendait; enfin, sortant de sa stupeur, il dit :

— C'est à moi, monsieur, que vous faites cette offre?

— Oui, et je suis fort heureux de vous la faire.

— A moi! Louis Richard?

— A vous, Louis Richard.

— Beaucoup de personnes se nomment Richard, monsieur; vous me prenez pour un autre.

— Non pas, diable! je connais mon monde; je vous prends pour ce que vous êtes : M. Louis-Désiré Richard, fils unique et majeur de M. Alexandre-Timoléon - Bénédict - Pamphile Richard, âgé de soixante-sept ans, à Brie-Comte-Robert, et présentement domicilié rue de Grenelle-Saint-Honoré, n° 23, profession d'écrivain public. Vous voyez qu'il n'y a pas erreur, mon jeune ami.

— Alors, monsieur, puisque vous connaissez si bien ma famille, vous devez savoir que ma pauvreté m'empêche de contracter aucun emprunt.

— Votre pauvreté! malheureux jeune homme!

— Mais, monsieur...

— Non, c'est indigne! c'est abominable! s'écria l'homme d'affaires avec un accent de récrimination courroucée; avoir le front d'élever un pauvre jeune homme dans une erreur si grossière! le condamner à passer ses plus belles années dans la basoche! le réduire aux habits râpés, aux bas bleus et aux souliers lacés! Mais heureusement il y a une Providence, et cette Providence, vous la

voyez en moi, mon jeune ami. Elle vous apparaît sous les traits du commandant de la Miraudière.

— Monsieur, je vous déclare que tout ceci me fatigue, à la fin! Rompons cet entretien, ou bien expliquez-vous clairement.

— Soit!... Vous croyez votre père presque dans l'indigence, n'est-ce pas?

— Je n'en rougis pas, monsieur.

— Oh! candide jeune homme!

— Que signifie...

— Écoutez-moi, et vous me bénirez après comme votre sauveur.

Ce disant, M. de la Miraudière ouvrit un registre où il lut ce qui suit :

Ses traits reprirent leur expression de dureté habituelle à l'aspect de Louis, immobile à la porte. — Page 24.

— « Note des biens mobiliers de M. Timoléon-Bénédict-Alexandre-Pamphile Richard (informations prises par le comité du crédit à la banque de France, le 1er mai 18..) :

« 1° Trois mille neuf cent vingt *actions de la banque de France* (réalisables au cours actuel), ci.   924,300 fr.

« 2° Obligations du Mont-de-Piété.   875,250

« 3° Dépôt en espèces à la banque de France. .   259,130

« Total. . . .   2,058,680 »

Vous entendez, mon jeune et candide ami, la fortune mobilière seulement connue de votre cher et honorable père se montait, au 1er de ce mois, à la bagatelle de deux millions cinquante-huit mille six cent quatre-vingts francs, d'après des informations officielles. Mais tout fait présumer que, selon le goût passionné des avares, qui, en outre de bons placements, se plaisent à voir, à flairer, à toucher, à manier une partie de leur trésor, tout fait présumer, dis-je, que votre digne père a enfoui dans quelque cachette un *magot* quelconque, et non moins succulent que sa fortune connue. Mais, en admettant que cela ne soit pas, en mettant la chose au pis, vous voyez que l'auteur de vos jours possède au soleil plus de deux millions. O·, comme il ne dépense pas douze cents francs par an, avec un revenu de près de cent mille livres de rente, vous voyez de quelle fortune vous jouirez un jour, mon jeune ami, et vous ne vous étonnerez plus des offres que je vous fais.

Cette révélation pétrifiait Louis Richard ; mille pensées confuses se heurtaient dans son esprit. Il ne pouvait trouver une parole, et regardait l'homme d'affaires avec un saisissement inexprimable.

— Vous voilà tout ébaubi, mon jeune ami. C'est tout simple, vous croyez rêver.

— En effet, monsieur, je ne sais si je dois, si je puis croire.

— Faites comme saint Thomas, mon jeune ami, touchez ces vingt-cinq billets de mille francs ; ça vous donnera la foi, car les capitalistes qui sont derrière moi ne sont pas des gaillards à risquer leur argent, et ici je dois vous dire qu'ils vous font ces avances à huit pour 100, en y ajoutant une commission de 7 pour 100 pour mes obligeants services. Vous allez être trop *gentilhomme* pour chicaner sur ces misères. Intérêt et capital s'élèveront à peine chaque année à la moitié du revenu de monsieur votre père ; vous économisez donc, à bien dire, tout en vivant largement, cinquante mille francs par an. Il est impossible de vous montrer plus économe, mais du moins vous pourrez attendre patiemment l'heure suprême où le bonhomme, vous entendez… Du re-te, j'ai pensé à tout, et comme ledit bonhomme pourrait s'étonner de vous voir mener un certain train, sans ressources connues, j'ai imaginé quelque chose de très-ingénieux, je semblant de la mise en train d'un superbe diamant de cinq cents louis: mille billets à dix francs. Vous aurez pris un de ces billets, la loterie sera censée se tirer après-demain, vous serez censé avoir gagné et vendu le diamant pour huit ou neuf mille francs; cette somme, vous direz l'avoir confiée, pour la faire valoir, à un ami; il ne manquera pas de la placer dans une magnifique entreprise rapportant trois cents pour 100 par an, et, grâce à ce stratagème, vous pourrez dépenser à la barbe paternelle vos vingt-cinq mille francs par an. Maintenant, jeune homme, dites-moi si j'étais fat en prenant des airs de Providence à votre endroit. Mais qu'avez-vous ? Cette figure rembrunie ! cet air soucieux ! ce silence ! moi qui m'attendais, la première surprise passée, à vous voir éclater en transports de joie, en éclats de rire, en cabrioles, et autres manifestations bien pardonnables, quand, en un quart d'heure, on passe du grade de clerc de notaire à celui de millionnaire ! Jeune homme, jeune homme, répondez-moi donc ? Ah çà ! pourvu que l'étonnement, le bonheur, ne l'aient pas rendu fou ?

En effet, cette révélation, qui eût jeté sans doute tout autre que Louis Richard dans une sorte de joyeux délire, lui causait de pénibles ressentiments: d'abord la longue dissimulation et la méfiance de son père à son égard, en lui laissant ignorer tant de richesses, blessait son cœur; puis, et c'était là pour lui le coup le plus douloureux, sa seconde pensée, la plus douloureuse à la fortune dont il jouirait un jour, avait été de se dire qu'il aurait pu la partager avec Mariette sans son cruel abandon, et changer en une vie de bonheur et de luxe la vie jusqu'alors si misérable, si résignée de la jeune fille.

— Cette réflexion, en ravivant ses amers chagrins, le domina tellement, que, ne pensant plus qu'aux explications qu'il était venu demander au commandant de la Miraudière, il lui dit soudain, d'un air sombre et contraint, en lui montrant sa carte de visite:

— Vous avez, monsieur, laissé hier chez moi cette carte de visite ?…

— Oui, mon jeune ami; mais…

— Pourriez-vous me dire, monsieur, ajouta Louis d'une voix altérée, comment il se fait que le nom et l'adresse de mademoiselle Mariette Moreau se trouvent écrits au crayon sur cette carte ?

— Vous dites ? demanda l'homme d'affaires, stupéfait de cette question dans un pareil moment. Vous me demandez…

— Je vous demande, monsieur, comment il se fait que l'adresse de mademoiselle Mariette Moreau se trouve sur cette carte.

— Ah çà ! mais, décidément, mon client perd la tête ! dit l'usurier.

— Comment ! mon jeune ami, je vous parle des millions paternels, de trente mille francs à dépenser par an, et vous me répondez… grisette !

— Quand je fais une question, monsieur, s'écria Louis, j'entends qu'on y réponde.

— Diable ! mon jeune ami… vous le prenez avec moi… sur ce ton ?…

— Ce ton est le mien, monsieur ; tant pis s'il vous choque !

— Morbleu ! monsieur, s'écria l'usurier en se redressant et caressant ses moustaches.

Puis il ajouta : Bah ! j'ai fait mes preuves ; ancien militaire criblé de blessures, je puis laisser passer beaucoup de choses. Je vous répondrai, mon cher client, que le nom et l'adresse de cette petite fille se trouvent sur ma carte parce que je les y ai écrits pour ne pas les oublier.

— Ainsi vous connaissez mademoiselle Mariette ?

— Parbleu !

— Vous lui faites la cour ?

— Un peu…

— Et vous espérez ?

— Beaucoup.

— Et moi, monsieur, je vous défends de remettre les pieds chez elle !

— Tiens ! se dit l'usurier, un rival. C'est drôle ! Ah ! je comprends maintenant les refus de la petite. Enfonçons mon client. C'est jeune, c'est novice, c'est clerc de notaire : ça doit être jaloux ; il donnera dans le panneau, et je l'évincerai, car je tiens à cette petite ; si le jeune homme ne donne pas dans ledit panneau, il n'en sera, pour moi, ni plus ni moins.

Et il ajouta tout haut :

— Mon cher monsieur, quand on me défend quelque chose, je regarde comme mon premier devoir de faire ce que l'on me défend.

— Nous verrons, monsieur !

— Écoutez, jeune homme : j'ai eu cinquante-sept duels ; je peux donc me dispenser d'avoir le cinquante-huitième avec vous ; je préfère vous parler le langage de la raison. Permettez-moi une simple question. Vous êtes arrivé de voyage hier, n'est-ce pas ?

— Oui, monsieur.

— Vous êtes resté plusieurs jours absent, vous n'avez pas revu Mariette depuis votre retour ?

— Non, monsieur, mais…

— Eh bien ! mon jeune ami, il vous est arrivé ce qui arrive à tant d'autres : Mariette ne vous connaissait pas comme fils de millionnaire. Je me suis présenté pendant votre absence, j'ai flairé cette petite fille ce qui ne peut jamais manquer de tourner la tête d'une grisette affamée. Une semaine, qui commence de meurt de faim, a flairé le bien-être, et, ma foi, comme les absents ont toujours tort… hé ! hé ! vous comprenez ?

— Mon Dieu ! mon Dieu ! dit Louis, dont le courroux faisait place à un morne désespoir : il est donc vrai !

— Si j'avais su me trouver en concurrence avec un futur client, je me serais abstenu. Mais il est trop tard. Et, d'ailleurs, pour une de perdue, mille de retrouvées. Allons, mon jeune ami, pas d'abattement. Cette petite était pour vous trop jeunette ; c'était une éducation à faire, et vous trouverez de charmantes femmes tout élevées et très-bien élevées. Je vous recommanderai particulièrement une certaine madame de Saint-Hildebrand.

— Misérable ! s'écria Louis Richard en prenant l'homme d'affaires au collet.

— Monsieur, s'écria le commandant de la Miraudière, vous me rendrez raison…

A ce moment la porte s'ouvrit brusquement, et, à un grand éclat de rire qui retentit, les deux adversaires tournèrent simultanément la tête.

— Saint-Herem ! s'écria Louis en reconnaissant son ami d'enfance.

— Toi ici ! dit à son tour Florestan de Saint-Herem en courant au-devant du jeune homme encore pâle de colère, pendant que l'usurier rajustait le collet de sa robe de chambre en murmurant :

— Au diable le Saint-Herem en un pareil moment !

IX

M. de Saint-Herem était un homme de trente ans au plus, d'une charmante figure, de la tournure la plus élégante. Sa physionomie fine et spirituelle prenait parfois un caractère de souveraine impertinence, lorsque, par exemple, comme on va le voir, il s'adressait au commandant de la Miraudière; mais, à la vue de son ami d'enfance, M. de Saint-Herem éprouva la joie la plus vive et serra cordialement Louis entre ses bras : affectueuse étreinte à laquelle le jeune homme répondit avec entraînement, malgré les émotions diverses dont il était agité.

Ce premier mouvement donné à la surprise et au plaisir de se revoir, les acteurs de cette scène, revenant à leurs premières pensées, reprirent à peu près la même physionomie qu'ils avaient lors de la soudaine apparition de Saint-Herem. Louis continua de jeter des regards indignés sur l'usurier, pâle encore de colère, tandis que M. de Saint-Herem lui disait d'un air moqueur :

— Ah çà! mon cher, avouez que je suis arrivé à temps; il me semble que, sans moi, mon ami Louis vous frottait d'importance!

— Oser porter la main sur moi! un ancien militaire! s'écria le commandant de la Miraudière en faisant un pas vers Louis. Cela ne se passera pas ainsi, monsieur Richard !

— Comme vous voudrez, monsieur de la Miraudière.

— M. de la Miraudière? Ah! ah! ah! fit Florestan de Saint-Herem en partant d'un grand éclat de rire. Comment! mon brave Louis, tu réponds à cette provocation? tu prends au sérieux ce gaillard-là? tu crois à son grade militaire, à sa croix, à ses campagnes, à ses blessures, à ses duels, à ce nom mirifique de la Miraudière qui devrait se prononcer de la *Maraudière?*

— Assez de ces plaisanteries-là! dit le prétendu commandant en rougissant de dépit et s'adressant à M. de Saint-Herem; toute raillerie a ses bornes, mon très-cher!

— Monsieur Jérôme Porquin, dit Florestan.

Et, se tournant vers Louis, il ajouta en lui montrant l'usurier :

— Il s'appelle Jérôme Porquin. Son véritable nom est Porquin, et il me semble parfaitement choisi, ce nom.

Puis, se tournant vers le prétendu commandant, Florestan ajouta d'un ton qui n'admettait pas de réplique :

— Voilà la seconde fois que je suis obligé, monsieur Porquin, de vous défendre de m'appeler votre *très-cher.* Moi, c'est différent, j'ai acheté et payé le droit de vous appeler mon *cher,* mon énormément *cher,* mon trop cher monsieur Porquin; car vous me coûtez bon et m'avez furieusement friponné !

— Monsieur, s'écria l'usurier, je ne souffrirai pas...

— Hein! qu'est ce que c'est? D'où vient cette farouche susceptibilité de M. Porquin? dit M. de Saint-Herem en regardant autour de lui d'un air étonné. Que se passe-t-il donc? Ah! j'y suis. C'est toi, mon brave Louis, c'est ta présence qui force ce *trop cher* M. Porquin à se regimber, car il voit avec dépit que je démasque ses mensonges et ses vaniteuses prétentions! Or, pour en finir tout de suite (et vois bien s'il a l'effronterie de démentir), je vais te dire ce que c'est que M. le commandant de la Miraudière. Il n'a jamais été militaire! C'est ainsi qu'il est allé jusqu'à Madrid lors de la dernière guerre; et, comme on a trouvé que cet honnête *vivrier* vivait trop aux dépens du gouvernement, on l'a prié d'aller *vivre* ailleurs. Il y est allé et s'est fait soi-disant homme d'affaires, en d'autres termes prête-nom, agioteur, ou entremetteur de toutes sortes d'affaires véreuses; ce ruban rouge qu'il porte est celui de l'*Éperon d'or,* ordre du pape, qui a fait saint homme a fait obtenir à cet autre saint homme pour le récompenser de son aide dans une spoliation effrontée; enfin, M. de la Miraudière s'appelle Porquin; il n'a eu aucun duel, d'abord parce qu'il est poltron comme un lièvre, et ensuite parce qu'il est si taré, qu'il sait bien qu'un galant homme ne doit répondre à ses provocations que par le mépris, et que, s'il pousse jusqu'à l'insolence, on doit aller jusqu'aux coups de bâton.

— Quand vous avez besoin de moi, monsieur, dit l'usurier d'une voix sourde, vous ne me traitez pas ainsi.

— Quand j'ai besoin de vous, je vous paye, monsieur Porquin; et comme je sais vos friponneries, mon trop cher monsieur Porquin, je dois prémunir contre vous M. Richard, dont j'ai l'honneur d'être l'ami. Vous voulez sans doute le dévorer comme une mouche, et vous avez déjà probablement commencé à ourdir autour de lui votre toile d'usurier.

— Rendez donc service aux gens! dit M. Porquin avec amertume; comme l'on vous en récompense! Je révèle à votre ami un secret de la plus haute importance pour lui, et...

— Je comprends maintenant, monsieur, dans quel but vous êtes venu à moi, répondit sèchement Louis Richard; je ne vous dois aucune gratitude pour le service que vous m'avez rendu... si c'est un service, ajouta-t-il tristement.

L'usurier n'entendait pas abandonner sa proie, et, sachant oublier à propos les mortifications dont M. de Saint-Herem venait de l'accabler, il reprit en s'adressant à lui avec autant d'aisance que s'il n'eût pas été brutalement démasqué :

— M. Louis Richard pourra vous dire, monsieur, les conditions de l'affaire que je lui proposais, et dans quelle circonstance je lui faisais ces offres; vous jugerez si mes prétentions étaient exorbitantes. Du reste, si je vous gêne dans votre entretien, messieurs, veuillez vous donner la peine de passer dans le salon; j'attendrai ici la décision de M. Richard, s'il veut prendre vos conseils à ce sujet.

— Voilà, mon trop cher monsieur Porquin, ce que vous avez dit de mieux jusqu'à présent, reprit Florestan.

Puis, prenant Louis par-dessous le bras, il l'emmena dans la pièce voisine, et ajouta en s'adressant à l'usurier :

— En revenant, je vous dirai le sujet de ma visite, ou plutôt je vais vous le dire : Il me faut deux cents louis pour ce soir. Tenez, examinez ces valeurs...

Et M. de Saint-Herem, tirant de sa poche quelques papiers, les jeta de loin à l'usurier, et, quittant le cabinet, entra dans la pièce voisine, accompagné de son ami.

La brutalité hautaine avec laquelle M. de Saint-Herem avait démasqué M. Porquin portait un nouveau coup à Louis Richard; il pensait avec une douleur amère que c'était à un pareil misérable qu'il avait été sacrifié par Mariette. Aussi, une fois seul avec son ami, Louis, ne pouvant contenir davantage l'émotion qui l'oppressait, ni retenir ses larmes, dit d'une voix étouffée, en prenant entre les siennes les deux mains de M. de Saint-Herem :

— Ah! Florestan, je suis bien malheureux !

— Je m'en doute, mon pauvre Louis; car, pour un garçon sage et laborieux comme toi, se mettre entre les griffes d'un drôle comme ce Porquin, c'est se donner au diable ! Voyons, que t'est-il arrivé? Ta vie était modeste, presque pauvre; aurais-tu fait quelques dettes, quelque folie? Ce qui peut te sembler énorme ne serait peut-être rien pour moi. J'ai demandé, pour ce soir, deux cents louis à cet arabe... Je les aurai, j'en suis sûr. Veux-tu partager avec moi, veux-tu tout? je saurai pardieu bien me retourner d'une autre façon ! Deux cents louis, ça doit payer les dettes d'un clerc de notaire. Je ne dis pas cela pour t'humilier. Voyons, te faut-il davantage? Nous chercherons, mais, pour Dieu ! ne t'adresse pas au Porquin, sinon tu es perdu; je connais ce drôle.

Louis écoutait l'offre généreuse de M. de Saint-Herem avec une si douce satisfaction, qu'un moment il oublia ses chagrins.

— Cher et bon Florestan! lui dit-il, si tu savais combien cette preuve de ton amitié me fait du bien, me console!

— Tant mieux ! Tu acceptes, alors?

— Non.

— Comment?

— Je n'ai pas besoin de tes bons services : cet usurier, que je ne connaissais pas, m'a écrit, et il m'offre de me prêter par année plus d'argent que je n'en ai dépensé dans toute ma vie.

— Que dis-tu? il t'offre cela, à toi? Ce coquin et l'usurier dont il est l'entremetteur n'avancent jamais un sou sans les meilleures garanties : ces gens-là s'escomptent ni l'honneur, ni la probité, ni l'amour du travail : or, mon pauvre Louis, je ne sache pas que tu possèdes d'autre patrimoine.

— Tu te trompes, Florestan : mon père est deux fois millionnaire.

— Ton père! s'écria M. de Saint-Herem stupéfait. Ton père !

— Cet usurier a découvert, je ne sais comment, ce secret que j'ai toujours ignoré.

— Et il est venu t'offrir ses services? Je le reconnais là! Lui et ses pareils sont à la piste des fortunes cachées; quand ils les découvrent, ils proposent aux fils de famille de manger leur blé en herbe. Vive Dieu! mon brave Louis, te voilà donc riche! car tu peux croire le Porquin; s'il te fait ses offres, c'est qu'il est parfaitement renseigné.

— Je le crois, répondit tristement Louis.

— De quel air accablé tu me dis cela, Louis! On croirait que tu viens de faire une sinistre découverte. Qu'as-tu donc? Et tes larmes de tout à l'heure? Et ces mots : Je suis bien malheureux! Toi, malheureux? et pourquoi?

— Mon ami, ne te moque pas de moi : j'aime et je suis trompé.

— Un rival?

— Et pour comble de douleur et de honte, ce rival...

— Achève.

— C'est cet homme, ce misérable usurier !

— Porquin? ce vieux drôle? Lui! préféré à toi! Non, non, c'est impossible! Mais qui te fait supposer?

— De vagues soupçons, et puis il m'a dit qu'on me le préférait!

— Belle autorité! Il ment, j'en suis certain.

— Florestan, il est riche; celle que j'aimais, que j'aime encore malgré moi, est pauvre. Elle endure depuis longtemps une cruelle misère.

— Diable!

— Elle a, de plus, à sa charge, une parente infirme. Les offres de cet homme auront ébloui la malheureuse enfant, et, comme tant d'autres, elle aura succombé par misère... Maintenant, que veux-tu que je me fasse la découverte d'une fortune inespérée? Mon seul désir eût été de la partager avec Mariette.

— Écoute, Louis, je te connais: tu dois avoir honorablement placé ton affection.

— Depuis un an, Mariette m'avait donné des preuves de l'attachement le plus sincère, lorsque hier, brusquement, une lettre de rupture...

— Une honnête fille qui t'a aimé pendant un an, pauvre comme tu l'étais, ne cède pas en un jour à un vieux fripon comme Porquin. Encore une fois, il doit mentir.

· Puis, appelant à haute voix l'homme d'affaires, à la grande surprise de Louis, M. de Saint-Herem s'écria :

— Hé! monsieur le commandant de la *Maraudière* !

L'usurier parut aussitôt.

— Florestan, dit vivement Louis, que fais-tu?

— Sois tranquille.

Et, s'adressant à l'usurier :

— Monsieur de la *Maraudière*, il y a, je n'en doute pas, quelque confusion dans vos souvenirs, au sujet d'une honnête jeune fille qui, selon vous, aurait été séduite par votre esprit, votre bonne grâce et vos excellentes manières, le tout rehaussé d'un peu de cet argent que vous grugez si honorablement. Voulez-vous me faire le plaisir, monsieur le commandant, de me dire la vérité? sinon, je sais ce que j'aurai à faire.

Le Porquin, réfléchissant qu'il serait politique à lui de sacrifier une fantaisie, qu'il avait d'ailleurs peu de chances de satisfaire, à l'avantage d'avoir Louis Richard pour client, répondit :

— Je regrette beaucoup une mauvaise plaisanterie qui me paraît avoir contrarié M. Richard.

— Tu vois bien, dit Florestan à son ami. Mais monsieur le commandant m'expliquerait-il comment lui est venue l'idée de ce qu'il appelle une mauvaise plaisanterie, et que j'appellerai, moi, une indigne calomnie?

— Bien de plus simple, monsieur : j'ai vu mademoiselle Mariette Moreau dans l'établissement où elle travaillait; sa beauté m'a frappé. J'ai demandé son adresse, je suis allé chez elle; là j'ai trouvé sa marraine, et je lui ai tout bonnement proposé de...

— Assez, monsieur! s'écria Louis avec indignation, assez!

— Permettez-moi seulement d'ajouter, monsieur mon futur client, reprit Porquin, que ladite marraine a refusé mes offres, et que mademoiselle Mariette survenant m'a mis à peu près à la porte. Vous voyez, monsieur de Saint-Herem, que je m'exécute franchement. Maintenant j'espère que cet aveu sincère me vaudra la confiance de M. Richard, et qu'il acceptera mes petits services. Quant à vous, monsieur de Saint-Herem, ajouta l'usurier d'un air patelin, j'ai examiné les valeurs que vous m'avez remises; ce soir je vous porterai vos deux cents louis. Vous ne trouverez pas sans doute exagérées les conditions que j'ai proposées à M. Richard, lorsque vous les connaîtrez.

— Je n'ai pas besoin d'argent, monsieur, dit Louis; vous m'avez fait injure en me croyant capable d'escompter la mort de mon père.

— Mais, mon cher client, permettez...

— Viens, Florestan, sortons, dit Louis à son ami en interrompant l'homme d'affaires.

— Vous le voyez, mon trop cher monsieur Porquin, dit Saint-Herem en sortant avec son ami, vous le voyez, il y a encore d'honnêtes filles et d'honnêtes fils. Je ne vous dirai pas : Que cela vous serve d'exemple ou de leçon. Vous êtes trop vieux pécheur pour vous amender; je ferai seulement des vœux sincères pour que ce double échec vous soit on ne peut plus désagréable.

— Ah! mon cher Florestan, dit Louis lorsqu'il eut quitté la maison de l'usurier, grâce à toi, j'ai l'âme moins oppressée, je suis maintenant certain que Mariette ne s'est pas abaissée jusqu'à ce misérable. Mais elle n'en veut pas moins rompre avec moi.

— Elle te l'a donc dit?

— Non, elle me l'a écrit, ou plutôt elle me l'a fait écrire.

— Comment! elle te l'a fait écrire?

— Tu vas me railler, la pauvre fille que j'aime ne sait ni lire ni écrire.

— Ah! que tu es heureux! au moins tu ne reçois pas des épîtres comme celles que m'adresse une petite gantière que j'ai enlevée à un banquier qui, par jalousie et lésinerie, l'avait enfouie dans un magasin; je m'amuse à la mettre à la mode, je jouis des éblouissements de cette pauvre fille : c'est si amusant de rendre les gens heureux! seulement, je ne la rendrai jamais forte en grammaire. Ah! mon ami, quelle orthographe! C'est d'une innocence antédiluvienne. Ève, notre mère, devait écrire ainsi. Mais si ta Mariette ne sait pas écrire, qui te dit que son secrétaire n'aura pas altéré, dénaturé sa pensée?

— Dans quel but?

— Je n'en sais rien: mais pourquoi ne vas-tu pas t'expliquer avec elle? tu saurais décidément à quoi t'en tenir.

— Elle m'a supplié, au nom de son repos, de son avenir, de ne pas chercher à la revoir.

— Revois-la donc, au contraire, au nom de son avenir, maintenant que te voici millionnaire en perspective.

— Tu as raison, Florestan; je la verrai, je vais la voir, et si ce cruel mystère s'explique, si je la retrouve, comme par le passé, tendre et dévouée, oh! tiens, ce serait trop beau! Pauvre enfant! sa vie s'est passée jusqu'ici dans la misère et dans le travail; elle connaîtrait enfin le repos, le bien-être; car, je n'en doute pas, mon père consentirait, et... Ah! mon Dieu!

— Qu'as-tu donc?

— Ces émotions, ces événements m'ont fait oublier de te dire une chose qui va bien t'étonner : mon père voulait absolument me faire épouser ta cousine.

— Quelle cousine?

— Mademoiselle Ramon.

— Que dis tu?

— Ignorant les projets de mon père, je suis allé à Dreux, d'où j'arrive; là, j'ai vu mademoiselle Ramon, lors même que je ne serais pas amoureux de Mariette, la fille de ton oncle m'a paru si déplaisante, que jamais...

— Mon oncle n'est donc pas presque ruiné, comme il en a fait courir le bruit depuis longues années? dit Florestan en interrompant son ami. Non, évidemment non, repris-il, car si ton père veut te faire épouser ma cousine, c'est qu'il y trouve des avantages pour toi. Nul doute, cette ruine prétendue était une feinte.

— Mon père a employé le même prétexte. C'est ainsi qu'il m'a toujours expliqué la pauvreté dans laquelle nous vivions.

— Ah! mon oncle Ramon, je vous savais fâcheux, maussade, insupportable! mais je ne vous croyais pas capable de cette supériorité de conception : dès aujourd'hui, je vous vénère. Je n'hérite pas de vous, c'est vrai; mais c'est égal, ça fait toujours plaisir de savoir qu'on a un oncle millionnaire. On y pense dans les moments difficiles; on se livre alors à toute sorte d'hypothèses *onclicides*; on se laisse aller à de réjouissantes pensées d'apoplexie foudroyante, et l'on regrette un peu le choléra, cette Providence des héritiers, qui leur apparaît comme un bon génie, couleur de rose et d'or.

— Sans aller aussi loin que toi, mon cher Florestan, et sans souhaiter la mort de personne, dit Louis en souriant, j'avoue que j'aimerais mieux voir, par la marche naturelle des choses, la fortune de ton oncle arriver entre tes mains qu'entre celles de son insupportable nièce. Tu saurais au moins jouir de tant de biens, et avec ces richesses, je suis sûr que tu ferais...

— Des dettes, répondit Saint-Herem avec majesté en interrompant son ami.

— Comment! Florestan, avec une si grande fortune...

— Je ferais des dettes, te dis-je; oui, forcément je ferais des dettes.

— Avec deux ou trois millions de biens?

— Avec dix, avec vingt millions, je ferais toujours des dettes. Mon système est d'ailleurs celui de l'État : plus la dette d'un pays est forte, plus elle prouve en faveur de son crédit : or, qu'est-ce que le crédit? la richesse. C'est élémentaire, sans compter qu'il y a là dedans une haute question de philosophie morale... Mais je t'expliquerai une autre fois mes idées philosophiques et financières. Cours chez Mariette, et préviens-moi de tout ce qui t'arrivera. Voici midi, j'ai promis à cette petite gantière, que je m'amuse à émerveiller, de lui faire essayer aujourd'hui un nouveau cheval de selle, le plus joli *hak*[1] de Paris; il me coûte un prix fou; et elle m'a écrit ce matin pour me rappeler que tantôt je devais la conduire o *boa* (de Boulogne); o-b-o-a, ça fait *au bois* dans la pensée de cette ingénue. Voilà pourtant où conduit l'abus de l'écriture! Ta Mariette ne te fera jamais de ces tours-là! Cours donc la trouver, j'ai bonne espérance; écris-moi, ou viens me voir; mais qu'aujourd'hui je sache la joie ou ton chagrin : ta joie,

(1) Cheval de promenade.

je la partagerai; quant au chagrin, il faudra pardieu bien que je te console.

— Quoi qu'il arrive, mon cher Florestan, je te tiendrai au courant. Adieu donc et à bientôt.

— Mais j'y songe, veux-tu que je te conduise chez Mariette?

— Non, merci, j'aime mieux aller à pied; en marchant, j'aurai le temps de songer à tant d'événements singuliers et au parti que je dois prendre envers mon père au sujet de cette révélation de fortune.

— Adieu donc, mon cher Louis; il est bien convenu qu'avant demain je te verrai ou que j'aurai de tes nouvelles.

Ce disant, M. de Saint-Herem monta dans un *brougham*, voiture du matin merveilleusement bien attelée, qui l'attendait à la porte de l'usurier.

Louis Richard se dirigea pédestrement vers la demeure de Mariette.

X

Lorsque Louis Richard entra dans la chambre occupée par Mariette et par sa marraine, il s'arrêta un moment au seuil de la porte. Son cœur se brisait à la vue douloureuse du tableau qui s'offrait à ses regards.

La jeune fille, couchée tout habillée sur un matelas étendu à terre, semblait inanimée; ses traits, couverts d'une pâleur mortelle, tressaillaient convulsivement de temps à autre; ses yeux étaient clos : des traces de larmes séchées se voyaient sur ses joues marbrées; dans l'une de ses deux mains crispées et croisées sur sa poitrine, elle tenait l'enveloppe où étaient réunis les débris de la lettre de Louis.

Madame Lacombe, dont la figure était ordinairement chagrine et sardonique, paraissait en proie à une douleur touchante; agenouillée près du matelas où gisait sa filleule, elle soutenait du bout de son bras mutilé la tête appesantie de Mariette, et essayait, de son autre main, de lui faire boire un verre d'eau.

Madame Lacombe, retourna vivement la tête, et ses traits reprirent leur expression de dureté habituelle, à l'aspect de Louis immobile à la porte.

— Que voulez-vous? dit-elle brusquement. Pourquoi entrez-vous ici sans frapper? Je ne vous connais pas! Qui êtes-vous?

— Oh! mon Dieu! s'écria Louis, dans quel état je la retrouve!

Et, sans répondre aux questions de madame Lacombe, il s'approcha vivement du matelas, s'agenouilla et s'écria :

— Mariette, qu'avez-vous? répondez-moi.

Madame Lacombe, d'abord aussi surprise qu'irritée de l'apparition du jeune homme, le regarda avec une attention farouche, réfléchit un moment, et dit d'une voix courroucée :

— Vous êtes Louis Richard?

— Oui, madame. Mais, au nom du ciel, qu'est-il arrivé à Mariette?

— Il lui est arrivé que vous me l'avez tuée!

— Moi? grand Dieu!

— Et quand elle sera morte, c'est vous qui me nourrirez, n'est-ce pas? malheureux que vous êtes!

— Morte! Mariette! c'est impossible! Mais, madame, il faut courir chercher un médecin, faire quelque chose... Ses mains sont glacées... Mariette! Mariette! Mon Dieu! mon Dieu! elle ne m'entend pas!

— Voilà comme elle est depuis cette nuit, et c'est votre lettre, mauvais garnement, qui a causé ce malheur!

— Ma lettre?... quelle lettre?

— Oui, vous allez nier, mentir, maintenant! Mais hier soir le désespoir l'étouffait, cette pauvre petite; le cœur lui a crevé, et elle m'a tout avoué!

— Mais, mon Dieu! que vous a-t-elle avoué?

— Que vous ne vouliez plus la revoir, et que vous la plantiez là pour une autre. Voilà les hommes!

— Mais au contraire! j'ai écrit à Mariette que...

— Vous mentez! s'écria la vieille infirme de plus en plus irritée. Je vous dis qu'elle a votre lettre; c'est ce chiffon de papier qu'elle tient entre ses doigts. Je n'ai pas pu le lui retirer des mains depuis qu'elle s'est trouvée mal! A-t-elle assez pleuré dessus, mon Dieu! Allez-vous-en, garnement! Mariette a été bien bête, et moi aussi, de refuser ce qu'on nous offrait; et pourtant, je lui avais dit : « Nous sommes honnêtes, tu verras comme ça nous servira! » Ça n'a pas manqué, elle se meurt, et me voilà, sur le pavé, sans feu ni lieu, sans pain ni rien; car nous devons un terme, et on va tout prendre.

Heureusement, ajouta cette malheureuse avec un sourire sinistre, heureusement, il me reste un quart de boisseau de charbon; et le charbon, c'est la délivrance du pauvre monde!

— Ah! c'est horrible! s'écria Louis, ne pouvant retenir ses larmes; mais, je vous le jure, madame, nous sommes victimes d'une erreur désolante! Mariette! Mariette! revenez à vous! c'est moi! moi, Louis!

— Vous voulez donc me la tuer tout de suite? s'écria madame Lacombe en faisant un effort désespéré pour repousser le jeune homme loin du matelas. Si elle reprend connaissance, votre vue va l'achever.

— Soyez béni, mon Dieu! dit Louis en résistant à madame Lacombe et se penchant vers Mariette. Elle a fait un mouvement; voyez, ses mains se desserrent, sa tête se soulève, ses yeux s'ouvrent. Mariette! m'entendez-vous? c'est moi!

En effet, la jeune fille revenait peu à peu à elle; sa tête, languissamment penchée, se releva; ses yeux rougis par les larmes, après avoir erré un moment dans le vide, s'arrêtèrent sur Louis. Bientôt la surprise, la joie se peignirent dans son regard, et elle murmura d'une voix faible :

— Louis, c'est vous? Ah! je n'espérais plus...

Puis la triste réalité se présentant sans doute à sa pensée, elle détourna la vue, laissa retomber sa tête sur le sein de madame Lacombe, qui la soutenait entre ses bras, et lui dit en soupirant :

— Ah! marraine, il vient pour la dernière fois, tout est fini!

— Quand je vous le disais, moi, que vous alliez l'achever! s'écria madame Lacombe exaspérée. Mais sortez donc d'ici! Oh! être faible, infirme, et à la hâte n'avoir pas la force de mettre ce gueux-là dehors! Il veut me la tuer, m'ôter mon pain!

— Mariette! s'écria Louis d'une voix suppliante, de grâce! écoutez-moi : je ne viens pas pour vous faire mes adieux, je viens au contraire vous dire que je vous aime plus que jamais!

— Grand Dieu! reprit la jeune fille en se redressant vivement sur son séant, comme si elle eût ressenti une secousse électrique, que dit-il?

— Je dis, Mariette, que nous sommes victimes d'une erreur; je n'ai jamais un moment cessé de vous aimer; non, jamais; et pendant mon absence je n'avais qu'un désir, qu'une pensée, vous revoir et convenir avec vous de tout ce qui était relatif à notre mariage, ainsi que je vous le disais dans ma lettre.

— Votre lettre? s'écria Mariette avec un accent navrant. Oh! mon Dieu! il ne se la rappelle seulement plus maintenant! Tenez, Louis, la voici votre lettre!

Et elle remit au jeune homme les débris de papier sur lesquels s'apercevaient encore la trace des larmes de la malheureuse enfant.

— Tu vas voir, reprit amèrement madame Lacombe, pendant que Louis rassemblait à la hâte les morceaux de papier lacérés, à cette heure, il va renier son écriture! tu seras assez bête pour le croire, n'est-ce pas?

— Voilà ce que je vous écrivais, Mariette, reprit Louis en lisant à mesure qu'il rajusta les débris à côté les uns des autres :

« Ma bonne et chère Mariette,

« Je serai auprès de vous le lendemain du jour où vous recevrez cette lettre. Ma courte absence, dont j'ai tant souffert, m'a prouvé qu'il m'est impossible de vivre loin de vous. Grâce à Dieu! le jour de notre union est proche; c'est demain, le *six mai*, selon nos conventions. Dès mon retour, je parlerai à mon père de notre résolution; je ne doute pas de son consentement.

« Adieu donc, et à après-demain, ma bien-aimée Mariette. Je vous aime comme un fou ou plutôt comme un sage, car la sagesse est d'avoir cherché et trouvé le bonheur dans un cœur tel que le vôtre.

« A vous pour la vie,

« Louis.

« Je vous écris le peu de mots parce que je serai à Paris presque en même temps que ma lettre; et puis enfin il m'est toujours pénible de penser qu'un autre que vous lit ce que je vous écris. Sans cela, que de choses j'aurais à vous dire! Vous, et pour toujours à vous! »

Mariette avait écouté cette lecture avec une telle stupeur, qu'elle n'avait pu prononcer une parole.

— Voilà, Mariette, reprit Louis, voilà ce que je vous avais écrit. Comment se fait-il, mon Dieu! que cette lettre vous ait désespérée?

— Quoi! monsieur Louis, il y avait cela sur votre lettre?

— Tenez, madame, voyez vous-même, dit Louis à madame Lacombe en lui présentant les morceaux lacérés.

— Est-ce que je sais lire, moi? répondit-elle brusquement. Mais comment se fait-il qu'on ait là à Mariette tout le contraire de ce que vous lui écriviez?

— Mariette, s'écria Louis, qui vous a donc lu ma lettre?

— L'écrivain public! répondit la jeune fille.

— Un écrivain public, s'écria Louis frappé d'une idée subite. Oh! de grâce! Mariette, expliquez-vous?

— Mon Dieu! monsieur Louis, c'est bien simple. J'étais allée chez un écrivain public du Charnier des Innocents pour lui dicter une lettre pour vous. Il l'a écrite, et même, au moment d'y mettre votre adresse à Dreux, il a renversé son encrier dessus, et a été obligé de la recommencer. En revenant ici, j'ai trouvé votre petit mot. N'ayant personne à qui le faire lire en l'absence d'Augustine, je suis retournée chez l'écrivain public, un vieillard bien respectable et rempli de bonté; je lui ai prié de me lire ce que vous m'écriviez. Il me l'a lu, et, selon lui, il y avait dans votre lettre « qu'il ne fallait plus jamais nous revoir, qu'il s'agissait pour vous de l'avenir de votre père et du vôtre, et qu'enfin vous me suppliiez de... »

La pauvre enfant ne put achever, elle se mit à fondre en larmes.

Louis comprit ou devina tout, depuis le hasard qui avait conduit Mariette chez son père, jusqu'au stratagème de l'encrier renversé sur la lettre, alors que l'adresse seule restait à inscrire; adresse qui, éclairant sans doute le vieillard, lui avait donné la pensée d'écrire une seconde lettre dans un sens tout opposé à celui de la première, et de l'envoyer, non pas à Dreux, mais à Paris, afin que Louis la trouvât dès son arrivée. Il comprit enfin que son père avait aussi improvisé la lecture d'une lettre de rupture lorsque Mariette était retournée près de lui pour la seconde fois.

En apprenant ainsi l'affligeant abus de confiance dont son père s'était rendu coupable dans un but trop évident, Louis, accablé de douleur et de honte, n'osa pas avouer à la jeune fille quels liens l'attachaient à l'écrivain public. Mais, désirant donner à Mariette et à sa marraine une explication plausible de cette tromperie, il leur dit :

— Voilà sans doute ce qui sera arrivé : cet écrivain public aura, malgré son apparente bonhomie, voulu faire une méchante et triste plaisanterie, ma pauvre Mariette : il vous aura lu tout le contraire de ce que je vous écrivais.

— Oh! ce serait indigne! dit la jeune fille en joignant les mains. Quelle fausseté de la part de ce vieillard! Il avait l'air si bon en me parlant de l'intérêt que lui inspiraient les pauvres créatures qui, comme moi, ne savaient ni lire ni écrire!

— Que voulez-vous? il vous a trompée, Mariette, cela est certain.

— Mais la lettre que je lui ai dictée pour qu'elle vous parvînt à Dreux?

— Elle sera arrivée dans cette ville lorsque je l'aurai eu quittée, répondit le jeune homme en cachant à Mariette que la veille cette lettre lui avait été remise à Paris. Mais que nous importe? ajouta Louis, désirant terminer un entretien si pénible pour lui. Ne sommes-nous pas à cette heure rassurés sur nos sentiments, Mariette? et...

— Un instant, dit madame Lacombe, qui était restée pendant quelques instants pensive, un instant, vous, vous êtes rassurés, vous deux, mais moi, non.

— Comment, madame?

— Que voulez-vous dire, marraine?

— Je veux dire, reprit aigrement madame Lacombe, que je ne veux pas de ce mariage-là.

— Madame, écoutez-moi...

— Il n'y a pas de madame! Puisque vous êtes fils d'un écrivain public, vous n'avez pas le sou, Mariette non plus, et deux misères qui se marient en valent trois. Ma filleule m'a déjà à sa charge, il ne lui manquerait plus que d'avoir des enfants! Beau ménage d'affamés que ça ferait là!

— Mais, marraine... dit la jeune fille.

— Laisse-moi tranquille, toi! Je vois bien le plan : on veut se marier pour se débarrasser de la vieille! Oui, oui, tôt ou tard on lui dira : « Nous n'avons seulement pas assez de pain pour nous et pour nos enfants; il nous faut encore te nourrir à rien faire. Va-t'en d'ici, la vieille! *vis si tu peux, meurs si tu veux!* » comme dit le proverbe.» Et moi, une fois dans la rue, on m'arrêtera comme *vagabonde*, on me conduira au *dépôt*, et vous serez débarrassés de ma personne. Oui, oui, je vois bien votre plan!

— Oh! mon Dieu, s'écria Mariette, pouvez-vous croire cela?

— Madame, se hâta de dire Louis, rassurez-vous. Aujourd'hui même, j'ai fait une découverte à laquelle j'étais loin de m'attendre. Mon père, par des raisons que je dois respecter, m'avait jusqu'ici caché qu'il était riche, très-riche.

Mariette regarda Louis d'un air plus étonné que ravi de cette nouvelle inattendue; puis elle dit à madame Lacombe :

— Vous le voyez, marraine, vous n'aurez plus de ces craintes si navrantes pour moi.

— Ah! ah! ah! ah! s'écria madame Lacombe avec un éclat de rire sardonique; elle donne là dedans! elle...

— Mais, ma marraine...

— Tu ne vois donc pas qu'il invente ce mensonge-là pour que je consente à ton mariage?

— Madame, je vous jure...

— Je vous dis que tout ça, c'est des tromperies, moi! s'écria madame Lacombe; ou bien, si vous êtes riche, alors vous ne voudrez plus de Mariette. Allons donc! est-ce que le fils d'un homme riche est assez bête pour épouser une pauvre ouvrière qui ne sait ni lire ni écrire?

Sans partager les doutes de sa marraine, Mariette, songeant à la nouvelle fortune de Louis, le regarda d'un air inquiet, attristé.

Le jeune homme comprit la signification de ce regard et reprit :

— Vous vous trompez, madame Lacombe : le fils d'un homme riche tient la parole qu'il a donnée étant pauvre, lorsque le bonheur de sa vie est attaché à cette parole.

— Bah! bah! c'est des mots, interrompit la malade d'un ton méfiant et bourru. Que vous soyez riche ou pauvre, vous n'aurez pas Mariette, à moins de m'assurer de quoi vivre. Je ne demande pas beaucoup : six cents francs par an; mais il me les faut en argent avant le contrat, et déposés chez un bon notaire.

— Ah! marraine, dit Mariette, ne pouvant retenir ses larmes, vous défier ainsi de Louis!

— Ah! bien oui! s'écria la malheureuse créature, ayez-en donc de la confiance, et puis un beau jour vous êtes volée! Je connais ça : *avant*, on promettra tout ce qu'on voudra, et puis, *après*, on aura de la vieille infirme par-dessus les bras, et on vous la fera fourrer au dépôt, plus vite que ça! Seule avec Mariette, je n'aurais pas craint d'être mise par elle sur le pavé : je lui suis à charge, elle a assez de moi, c'est vrai; mais elle est bonne petite fille, l'habitude est prise, et elle me craint. Tandis qu'une fois mariés, vous me ficheriez tous les deux à la porte sans rémission, et où voulez-vous que j'aille, moi? Qu'est-ce que vous voulez que je devienne? Est-ce que c'est de ma faute si je me suis estropiée dans mon état? Non! non! pas de mariage, ou six cents francs de rente pour moi déposés chez un bon notaire! C'est mon idée.

Pendant que madame Lacombe se livrait à ces récriminations amères, Louis et Mariette avaient échangé des regards tristement significatifs.

La jeune fille semblait dire :

— Vous l'entendez, Louis? Avais-je tort de vous dire combien le malheur, qui s'est acharné sur elle durant toute sa vie, a aigri le caractère de ma marraine?

— Pauvre enfant! semblait répondre le jeune homme, que vous avez dû souffrir! voir un dévouement aussi tendre, aussi saint que le vôtre accueilli, compris, récompensé de la sorte!

— C'est le malheur qu'il faut accuser, non pas elle, Louis ; elle a tant souffert! répondait le touchant regard de la jeune fille.

— Madame, reprit Louis lorsque la malade eut cessé de parler, vous pouvez être certaine que votre sort sera ce qu'il devait être! Mariette et moi, nous n'oublierons jamais que vous l'avez recueillie, que vous avez été pour elle une seconde mère, et, soit que vous consentiez à vivre auprès de nous, soit que vous préfériez vivre seule, vous serez traitée aussi maternellement que possible.

— Ah! merci, Louis, dit la jeune fille avec reconnaissance; merci de partager ainsi ce que je ressens pour ma pauvre marraine, ma seconde mère!

Et la jeune fille se pencha vers madame Lacombe pour l'embrasser; mais la malade, la repoussant, reprit avec son accent sardonique :

— Tu ne vois pas qu'on se moque de nous? T'épouser! Me faire une pension! Est-ce que ça s'est jamais vu! Il veut m'amadouer, voilà tout; et, s'il est vraiment riche, veux-tu que je te dise ce qui t'arrivera, moi? Il t'enjôlera, te lanternera, et un beau jour tu apprendras sa noce avec une autre; aussi je lui défends de remettre les pieds ici.

— A moins, madame, que je ne me présente chez vous avec mon père, et que je ne vienne vous demander la main de Mariette, en vous faisant connaître les avantages qu'il nous assure et à vous aussi.

— Oui, oui, répondit la malade en se retournant vers la ruelle, car elle s'était remise sur son lit, quand nous nous reverrons pour nous proposer ces belles choses-là, ce sera la semaine des quatre jeudis.

— Ce sera demain, madame Lacombe, répondit Louis.

Puis, s'adressant à la jeune fille :

— Adieu, Mariette. A demain donc, je viendrai avec mon père.

— Mon Dieu! Louis, il serait vrai! répondit-elle en serrant tendrement les mains du jeune homme entre les siennes. Après tant de chagrins, le bonheur viendrait enfin... le bonheur pour toujours!

— Allez-vous bientôt finir? vous me rompez la tête avec votre bonheur! s'écria aigrement la malade. Laissez-moi donc en repos; et toi, Mariette, ne bouge pas de là : tu meurs d'envie d'accompagner ce menteur-là dans l'escalier; mais j'ai dit non, c'est non.

Louis et Mariette échangèrent un dernier regard, et le jeune homme dit tout bas :

— A demain, Mariette, ma bien-aimée, ma femme !

— Va-t-il décaniller à la fin ! s'écria la malade.

— Louis quitta la chambre. Mariette revint lentement s'asseoir auprès du lit de sa marraine.

Peu d'instants après cette scène, le jeune homme se rendait en hâte à l'échoppe de son père, où il espérait le rencontrer mais il trouva l'échoppe fermée, s'informa de M. Richard, et il apprit qu'il n'avait pas paru ce jour-là au Charnier des Innocents. Etonné de ce dérangement si grave dans les habitudes régulières du vieillard, Louis courut alors à la rue de Grenelle, leur commun logis.

XI

Louis Richard arriva bientôt rue de Grenelle. Au moment où il passait devant la loge du portier, celui-ci lui dit :

— Monsieur Louis, votre père est sorti il y a deux heures; il a laissé cette lettre pour vous; je devais la porter à votre étude si vous n'étiez pas revenu ici avant deux heures de l'après-midi.

Le jeune homme prit cette lettre; elle contenait ce qui suit :

« Mon cher enfant,

« Je reçois à l'instant quelques lignes de mon ami Ramon; il m'apprend qu'il part de Dreux avec sa fille en même temps que cette lettre, et qu'il arrivera aujourd'hui à Paris.

« Comme il n'a été de sa vie en chemin de fer, et qu'il se fait un plaisir d'essayer de ce genre de locomotion, il s'arrêtera à Versailles, où il nous prie de venir l'attendre. Nous visiterons le palais et nous reviendrons tous à Paris par l'un des derniers convois.

« Je t'attends à l'hôtel du Réservoir. Si je suis déjà parti avec Ramon et sa fille pour notre excursion au palais; tu sauras bien nous retrouver. Il est entendu que cette entrevue avec mademoiselle Ramon ne t'engagera nullement pour l'avenir. Je désire seulement que, profitant de l'occasion qui se présente aujourd'hui, tu puisses, grâce à un sérieux examen, reconnaître l'injustice de tes préventions contre cette jeune personne. D'ailleurs, tu comprendras que, quels que soient tes projets, il serait très-désobligeant pour Ramon, un de mes meilleurs amis, et de te voir manquer au rendez-vous qu'il nous donne. Viens-y donc, mon cher Louis, ne fût-ce que par convenance.

« Ton père qui t'aime, et qui n'a au monde qu'un désir : ton bonheur!

« A. RICHARD. »

Louis, malgré sa déférence ordinaire aux volontés de son père, s'abstint de se rendre à Versailles, sentant la complète inutilité d'une nouvelle entrevue avec mademoiselle Ramon, puisqu'il était plus décidé que jamais à épouser Mariette.

L'étrange révélation qui lui avait fait connaître la fortune de son père changea si peu les modestes et laborieuses habitudes de Louis, qu'il se rendit en hâte à son étude afin d'y accomplir son devoir et d'excuser son absence durant la matinée. Quelques travaux pressés auxquels il se livra, non sans de nombreuses distractions causées par les divers incidents de la journée, le retinrent longtemps à son étude. Au moment où il se disposait à sortir, un de ses camarades entra en s'écriant :

— Ah! mes amis, quel événement! quel malheur!

— Quoi? qu'y a-t-il?

— Je viens de rencontrer quelqu'un qui arrive de la gare du chemin de fer de Versailles.

— Du chemin de fer! dit Louis en tressaillant. Eh bien! qu'est-il arrivé?

— Un épouvantable accident.

— Grand Dieu! s'écria Louis en pâlissant.

— Achevez.

— Le convoi de retour sur Paris a déraillé; les waggons se sont amoncelés les uns sur les autres, le fourneau de la machine a mis le feu aux voitures, et l'on dit que presque tous les voyageurs ont été écrasés ou brûlés, et que...

Louis, saisi d'une angoisse mortelle, n'en put entendre davantage. Oubliant de prendre son chapeau, il se précipita hors de l'étude, courut à une porte cochère où se tenait habituellement un cabriolet de régie, et, sautant dans cette voiture, il dit au cocher :

— Vingt francs de pourboire si vous me conduisez à toute bride au chemin de fer de Versailles... et de là... ailleurs... je ne sais encore où... Mais partons, au nom du ciel, partons!

— Rive droite ou rive gauche, monsieur? dit le cocher en fouettant son cheval.

— Comment?

— Il y a deux gares, monsieur, celle de la rive droite et celle de la rive gauche.

— Je veux aller sur la ligne où vient d'arriver un affreux malheur.

— C'est la première nouvelle que j'en apprends, monsieur.

Louis se fit reconduire à son étude, afin de se renseigner auprès de celui de ses camarades qui avait apporté la nouvelle de l'événement; mais, n'ayant plus trouvé personne chez son notaire, le fils de l'avare remonta en cabriolet avec un redoublement d'angoisse.

— Monsieur, lui dit le cocher, je viens d'apprendre que c'est sur la rive gauche.

Louis, tiré de son indécision, se fit mener à l'embarcadère de la rive gauche. Là, l'événement lui fut confirmé; il apprit aussi à quel endroit de la ligne cet affreux malheur était arrivé. La grande route d'abord, un chemin de traverse ensuite, lui permirent de s'avancer jusqu'à peu de distance du Bas-Meudon, vers la tombée de la nuit. Il se jeta hors du cabriolet et, guidé par les dernières lueurs de l'incendie des waggons amoncelés, il se trouva bientôt sur le lieu du sinistre.

Les récits contemporains ont si longtemps retenti de cette catastrophe, qu'il est inutile d'entrer ici dans de nouveaux détails; nous dirons seulement que, pendant toute la nuit, en vain Louis rechercha son père parmi ces corps calcinés, défigurés ou affreusement blessés. Vers quatre heures du matin, le jeune homme, brisé de douleur, de fatigue, revint à Paris, n'ayant plus qu'un espoir, c'est que son père, ayant, ainsi qu'un petit nombre de voyageurs, échappé au danger, eût regagné sa demeure pendant la soirée.

A peine arrivé devant la porte de sa maison, Louis descendit de cabriolet et court à la loge du portier :

— Mon père est-il rentré? furent ses premiers mots.

— Non, monsieur Louis.

— Ah! plus de doute! murmura-t-il en étouffant ses sanglots; mort!... mort!...

Et, ses genoux fléchissant sous lui, il fut obligé de s'asseoir, et faillit s'évanouir.

Après s'être reposé quelques instants chez le portier, qui lui offrit les banales condoléances d'usage, Louis regagna lentement sa chambre.

A la vue de cette pauvre demeure, si longtemps partagée avec un père qu'il avait si tendrement aimé, et qui venait de périr d'une mort épouvantable, la douleur de Louis atteignit à son comble; il se jeta sur son lit, cachant sa figure entre ses mains, et donna un libre cours à ses sanglots.

Depuis une demi-heure environ, il s'abîmait dans un profond désespoir, lorsqu'il entendit frapper à sa porte, et le portier entra.

— Que voulez-vous? dit Louis en essuyant ses pleurs.

— Monsieur Louis, je suis bien fâché de vous déranger dans un pareil moment; mais c'est le cocher...

— Quoi? demanda Louis, qui, tout à sa douleur, avait oublié le cabriolet. Quel cocher?

— Mais le cocher que vous avez gardé toute la nuit. Il paraît que vous lui avez promis vingt francs pour boire; ce qui fait, avec ses heures de course d'hier et de cette nuit, quarante-neuf francs, et il les demande.

— Eh! mon Dieu! dit le jeune homme avec une douloureuse impatience, donnez-lui cet argent, et laissez-moi!

— Mais, monsieur Louis, quarante-neuf francs, c'est une grosse somme! Et je ne l'ai pas, moi!

— Ah! mon Dieu! comment faire? s'écria Louis, rappelé par cette demande aux intérêts matériels de la vie. Je n'ai pas d'argent.

Et il disait vrai, car jamais il n'avait eu à sa libre disposition le quart de la somme qu'il devait au cocher.

— Mais alors, monsieur, reprit le portier, comment prenez-vous des cabriolets de régie à l'heure, et la nuit encore, en leur promettant des pourboires de vingt francs? Vous êtes donc fou! Comment allez-vous faire? Voyez au moins s'il n'y a pas quelque monnaie dans le tiroir de feu votre père?

A ces derniers mots, Louis se souvint de ce que, dans sa douleur, il avait jusqu'alors oublié. On lui avait dit que son père était riche. Songeant alors que peut-être il y avait dans la chambre quelque argent caché, mais ne voulant pas se livrer à ses recherches devant le portier, il lui dit :

— Il se peut que j'aie besoin du cabriolet ce matin; qu'il attende.

Si d'ici à une demi-heure je ne suis pas descendu, vous remonterèz ; je vous remettrai l'argent.

— Mais, monsieur, cette attente va encore augmenter vos frais, et, si vous n'avez pas de quoi payer, il faudra...

— C'est bien, reprit Louis en l'interrompant brusquement, je sais ce que j'ai à faire.

Le portier sortit. Le jeune homme, resté seul, éprouva une sorte de remords en songeant aux recherches qu'il allait tenter ; cette investigation, dans un pareil moment, lui semblait sacrilége; mais, forcé par la nécessité, il se résigna.

Le mobilier de la chambre se composait d'une table à écrire, d'une commode, et d'un vieux bahut en noyer, pareil à ceux que l'on voit chez les paysans aisés; il se composait de deux compartiments superposés l'un à l'autre.

Louis visita la table et la commode : il n'y trouva pas d'argent; les deux clefs du bahut étaient aux serrures des compartiments; il les ouvrit et ne vit que quelques hardes sur les planches; un long tiroir séparait les deux corps de ce meuble; dans ce tiroir, Louis ne trouva que quelques papiers sans importance. Cependant, pensant à la possibilité d'une cachette, l'idée lui vint de faire sortir ce tiroir de ses rainures; d'abord il n'aperçut rien, mais un examen plus attentif lui fit découvrir un bouton de cuivre effleurant la rainure gauche; il poussa ce bouton; aussitôt il entendit dans le corps inférieur du meuble un léger grincement semblable à celui de deux charnières qui se déploient; il se baissa et vit la planche qui semblait former le compartiment s'abaisser lentement en mettant à jour un double fond, creux de six pouces environ, et s'étendant dans toute la partie postérieure du meuble. Plusieurs tablettes transversa-

les, disposées comme les rayons d'une bibliothèque et recouvertes de velours rouge garnissaient cette cachette; sur chacune d'elles on voyait, symétriquement rangées, d'innombrables piles de pièces d'or, de tous les modèles, de toutes les époques; évidemment chacune de ces pièces devait avoir été souvent nettoyée, lustrée, car elles étincelaient comme si elles venaient de sortir du balancier.

Louis, malgré son accablante tristesse, resta un moment ébloui à la vue de ce trésor, dont la valeur devait être considérable. Cette première impression passée, il remarqua un papier placé sur la première tablette, le prit, et, reconnaissant l'écriture de son père, il lut ces mots :

« Cette collection de pièces d'or a été commencée le 7 septembre 1805; sa valeur vénale se monte à 287,654 fr. 10 c. (Voir le paragra-

phe IV de mon testament confié à maître Marainville, notaire, rue Sainte-Anne, n° 28, dépositaire de mes titres de rentes, actions et autres valeurs de portefeuille. Voir aussi l'enveloppe cachetée, placée derrière les piles de quadruples d'Espagne, cinquième tablette.)

Louis dérangea plusieurs piles de ces épaisses et larges pièces d'or, et trouva en effet une enveloppe cachetée de noir.

Sur cette enveloppe on lisait ces mots écrits en grosses lettres :

« A MON CHER ET BIEN-AIMÉ FILS. »

Au moment où Louis mettait la main sur cette enveloppe, on frappait à la porte. Se rappelant qu'il avait dit au portier de revenir bientôt, il n'eut que le temps de prendre un des quadruples et de pousser les ventaux du meuble, qui se refermèrent sur le trésor.

Le portier examina avec autant de surprise que de curiosité le doublon que le jeune homme venait de lui remettre, et s'écria d'un air ébahi :

— Quelle belle pièce d'or! On la croirait toute neuve. Je n'en ai jamais vu de pareille.

— Il suffit, reprit Louis; allez payer.

— Combien cela vaut-il donc, une belle pièce d'or comme cela, monsieur?

— Cela vaut plus que la somme que je dois; allez chez un changeur et payez le cocher.

— Monsieur Louis, reprit le portier d'un ton mystérieux, est-ce que le père Richard vous en a beaucoup laissé de ces belles pièces-là? Qui est-ce qui aurait jamais cru que ce pauvre bonhomme.

— Sortez! s'écria Louis, irrité du cynisme de cette question; allez payer le cocher et ne revenez pas.

— Le portier se hâta de se retirer. Louis, afin d'être à l'abri de nouvelles indiscrétions, s'enferma, ôta la clef de la serrure, et revint au bahut.

Avant d'ouvrir le testament de son père, et pendant un moment encore, le jeune homme contempla, presque malgré lui, l'éblouissant trésor. Mais cette fois, et quoiqu'il se reprochât cette pensée trop riante dans un si funèbre moment, il songeait à Mariette, se disant que le quart de la somme qu'il avait sous les yeux lui suffirait pour assurer à jamais le bienêtre et l'indépendance de sa femme.

Puis il tâchait d'oublier le cruel stratagème employé par son père à l'égard de la pauvre ouvrière, et se plaisait même à croire que son mariage avec elle aurait obtenu l'assentiment de vieillard, et que, sans avouer les richesses qu'il possédait, il eût du moins assuré le sort des nouveaux époux.

La découverte de ces richesses n'inspirait pas à Louis une de ces joies cupides et vengeresses que ressentent presque toujours les héritiers d'un avare, lorsqu'ils songent aux privations cruelles que cette avarice leur a fait souffrir.

M. de Saint-Herem.

Ce fut, au contraire, avec un touchant et pieux respect que le jeune homme prit le testament de son père et que, d'une main tremblante d'émotion, il decacheta le pli qui contenait sans doute les dernières volontés du vieillard.

XII

Le testament du vieillard, écrit depuis deux mois environ, était ainsi conçu :

« Mon fils bien-aimé, lorsque tu liras ces lignes, j'aurai cessé de vivre.

« Tu m'as toujours cru pauvre : je te laisse une grande fortune accumulée par mon AVARICE.

« J'ai été, *avare*, je ne m'en défends pas ; loin de là, je m'en honore, je m'en glorifie.

« Et voici pourquoi :

« Jusqu'au jour de ta naissance, qui m'a ravi ta mère, j'avais, sans me montrer prodigue, été assez insoucieux d'augmenter mon patrimoine et la dot que m'avait apportée ma femme ; dès que j'ai eu un fils, ce sentiment de prévoyance, qui devient un devoir sacré lorsqu'on est père, s'est peu à peu changé chez moi en économie, puis en parcimonie, puis enfin en AVARICE.

« Du reste, les privations que je m'imposais, tu n'en souffris jamais dans ton enfance. Né sain et robuste, la mâle simplicité de ton éducation a aidé, je le crois, au développement de ton excellente constitution.

« Lorsque tu as été en âge de recevoir l'instruction, je t'ai envoyé dans une des écoles ouvertes à la pauvreté : d'abord, c'était pour moi une économie (il n'y a pas de petites économies) ; ensuite, tu devais puiser dans cette éducation commune l'habitude d'une vie modeste, laborieuse. Le succès a dépassé mon attente. Elevé avec des enfants pauvres au lieu de l'être avec des enfants riches ou aisés, tu n'as ressenti aucun de ces goûts factices, dispendieux, aucune de ces envies amères, aucune de ces jalousies vaniteuses qui influent presque toujours fatalement sur nos destinées.

« Je t'ai ainsi épargné beaucoup de chagrins, qui, pour être enfantins, n'en sont pas moins cruels.

« Tu n'as pas eu à comparer ta condition à des conditions plus hautes ou plus opulentes que la tienne.

« Tu n'as pas éprouvé une sorte de regret haineux en entendant tel de tes camarades parler de la splendeur de l'hôtel de son père, tel

autre vanter l'antique noblesse de sa race, tel autre, enfin, supputer les richesses dont il jouirait un jour.

« L'on croit généralement que, parce que des enfants de conditions très-dissemblables portent le même uniforme, mangent à la même table, suivent les mêmes cours au collége, le sentiment de l'égalité existe entre eux.

« Erreur profonde.

« L'inégalité sociale est aussi bien comprise parmi les enfants qu'elle l'est dans le monde.

« Presque toujours le fils d'un riche bourgeois ou d'un grand seigneur montre à dix ans la morgue ou la hauteur qu'il déploiera quinze ans plus tard.

« Que les enfants soient de *petits hommes*, ou que les hommes soient de *grands enfants*, peu importe : tout âge a la conscience de sa condition.

« Quant à toi, élevé avec des enfants du peuple, tu les entendais tous parler des rudes labeurs de leur père et de leur mère ; aussi l'indispensable nécessité du travail s'est, dès ton plus jeune âge, gravée dans ton esprit.

« D'autres de tes condisciples racontaient les privations, la misère de leur famille ; ainsi tu t'es accoutumé à l'idée de notre pauvreté.

« Enfin tu as vu le plus grand nombre de ces enfants résignés, courageux (la résignation, le courage, deux des plus grandes vertus du peuple), et jamais jusqu'ici, mon fils bien-aimé, la résignation, le courage ne t'ont fait défaut.

« A quinze ans, je t'ai fait concourir pour une bourse d'externe dans une école communale supérieure, où tu as achevé tes études ; ta première éducation avait déjà porté d'excellents fruits, car dans cette nouvelle école, bien que plusieurs de tes camarades appartinssent à l'aristocratie de naissance ou de fortune, leur contact n'a en rien altéré tes qualités précieuses, et tu ne connus jamais la jalouse envie.

« A dix-sept ans, tu es entré petit clerc chez un notaire, mon ami, qui seul a eu le secret et l'administration de ma fortune ; jusqu'à cette heure où j'écris ces lignes, la discrétion de cet ami a égalé son dévouement ; la modeste carrière que tu étais appelé à parcourir ne t'inspirait pas d'éloignement ; l'amitié de ton patron pour moi me répondait de sa sollicitude à ton égard ; il t'a donné des leçons de droit public, et, grâce à ses soins, aux travaux dont il t'a progressivement chargé, tu as acquis près de lui une parfaite connaissance des affaires ; aussi, grâce à ma prévision, tu vas être à même de gérer habilement, fructueusement, les biens considérables que je t'ai amassés.

« Ma conscience ne me reproche rien, et cependant parfois, je

Quelle belle pièce d'or ! on la croirait neuve. — PAGE 24.

te l'avoue, j'ai craint que tu n'adresses à ma mémoire ce reproche :

« *Pendant que vous entassiez des richesses, mon père, vous me voyiez sans pitié souffrir de cruelles privations.*

« Mais la réflexion chassait toujours cette crainte de mon cœur; je me rappelais, mon cher enfant, combien de fois tu m'as dit que, bien que pauvre, ta condition te satisfaisait, et, si tu désirais un peu de bien-être, c'était pour moi seul.

« En effet, ton inaltérable bonne humeur, ta douceur, l'égalité de ton caractère, ta gaieté naturelle, ta tendresse pour moi, m'ont toujours prouvé que ton sort te contentait; d'ailleurs, je le partageais. Ce que je gagnais de mon côté dans mon métier d'écrivain public, joint à tes économies, nous permettait de vivre sans toucher à mes revenus. Ainsi capitalisés, ils ont fructifié entre les mains prudentes de leur dépositaire; cela dure depuis près de vingt ans. Aussi aujourd'hui, jour où j'écris ce testament, la fortune que je te laisserai se montera à près de deux millions et demi.

« Je ne sais, combien d'années il me reste encore à vivre; mais, que je vive seulement encore dix ans, j'aurai atteint le terme moyen de l'existence humaine; tu auras alors trente-cinq ans, et je t'aurai amassé une fortune de quatre à cinq millions, puisqu'un capital se double en dix ans.

« Ainsi, selon toute probabilité (à moins qu'un coup imprévu me frappe), lorsque tu entreras en possession de ces grands biens, tu atteindras ta complète maturité; les habitudes sobres, modestes, laborieuses, contractées depuis l'enfance, seront pour toi une seconde nature. Ton intelligence des affaires se sera encore développée par la pratique. Joins à ces avantages la rectitude de ton esprit, la forte trempe de ta constitution physique, que nul excès précoce n'aura affaiblie, et maintenant, mon cher enfant, dis-moi si tu ne te trouveras pas dans la meilleure condition possible pour hériter de la fortune que je t'ai créée, et pour en user selon tes goûts, qui, je le pressens, seront aussi généreux qu'honorables.

« Pourquoi, te diras-tu peut-être, me suis-je borné à laisser mes fonds se capitaliser sans tenter quelque grande opération financière ou sans me donner toutes les jouissances du luxe?

« Pourquoi cela? Je vais te le dire, mon cher enfant.

« Mon avarice a eu sa source, il est vrai, dans un sentiment de prévoyance paternelle; mais cette avarice a fini par prendre tous les caractères inhérents à cette violente passion.

« Or, j'ai pu, je puis encore me priver de tout, afin d'entasser richesses sur richesses, parce que je me dis avec bonheur que c'est pour toi que j'entasse et que tu hériteras un jour. Mais, de mon vivant, me dessaisir de mes biens dans tel ou tel but, ou les risquer dans des opérations financières... impossible, oh! impossible! ce serait me déchirer les entrailles; car sais-tu ce qui fait de la possession de nos trésors une seconde vie pour nous autres avares? C'est que, sans dépenser, sans hasarder un denier, nous nous livrons en imagination aux opérations les plus immenses, aux magnificences les plus inouïes. Et cela n'est pas un vain désir, un songe creux. Non, non, de par l'état de ma caisse, ces magnificences étaient réalisables demain, aujourd'hui, sur l'heure.

« Comment alors veux-tu qu'un *avare* ait le courage ou la volonté de se dessaisir d'un pareil talisman? Comment! pour un projet, pour un seul rêve réalisé, on irait sacrifier mille projets, mille rêves toujours réalisables, surtout lorsqu'on se dit : Quel mal est-ce que je fais? A qui porté-je dommage? Mon fils, jusqu'ici, ne s'est-il pas trouvé heureux de son sort? Ne serait-il pas l'orgueil des pères les plus fiers de leur enfant? N'est-ce pas, après tout, pour lui, *pour lui seul*, que je thésaurise?

« Et puis, enfin, j'aurais agi différemment, voyons, quel bien en serait-il résulté pour mon fils et pour moi?

« Si j'avais été prodigue, ma prodigalité t'eût laissé dans la misère, mon pauvre cher enfant!

« Me serais-je borné à dépenser sagement mon revenu?

« Alors, au lieu de nous adonner au travail, nous serions sans doute restés oisifs; au lieu de vivre pauvrement, nous aurions eu quelques jouissances physiques, quelques satisfactions vaniteuses. Nous eussions enfin vécu comme tous les bourgeois aisés de notre condition.

« A cela qu'eussions-nous gagné?

« Serions-nous devenus meilleurs? Je ne sais. Mais, à ma mort, je ne t'aurais laissé qu'un revenu raisonnable, et non suffisant à la réalisation d'aucune vaste et généreuse entreprise.

« Un dernier mot, mon cher enfant, pour répondre d'avance à un reproche que tu m'adresseras peut-être à ma mémoire.

« Crois-le bien, si je t'ai laissé ignorer mes richesses, ce n'est pas par un sentiment de dissimulation ou par méfiance de moi.

« Voici quelles ont été mes raisons :

« Ignorant mes richesses, tu te résignais facilement à la pauvreté; instruit, au contraire, de notre fortune, tu aurais accepté peut-être sans murmurer l'humble existence que je t'imposais, mais tu m'aurais intérieurement accusé de dureté, de bizarre égoïsme. Qui sait enfin si la certitude de la richesse à venir n'eût pas, peu à peu, dénaturé tes précieuses qualités?

« Ce n'est pas tout, et pardonne-moi, mon cher enfant, cette crainte insensée, cette appréhension si outrageante pour ton excellent cœur; mais, pour jouir de ta tendresse filiale dans tout ce que son désintéressement avait de plus pur, de plus touchant, de plus saint, je n'ai pas voulu, de mon vivant, te donner l'arrière-pensée d'un opulent héritage.

« Une dernière raison, enfin, et peut-être la plus grave de toutes, m'a conduit à te cacher ma richesse... Je t'aime tant, vois-tu, qu'il m'eût été impossible de te voir subir la moindre privation si tu avais su qu'il dépendait de moi de te donner la vie la plus large, la plus somptueuse.

« Malgré l'apparente contradiction qui semble exister entre ce sentiment et ma conduite avaricieuse envers toi, j'espère, mon cher enfant, que tu comprendras ma pensée.

« Et maintenant que, par la pensée, je me mets face à face avec la mort, qui peut me frapper demain, aujourd'hui, tout à l'heure, je déclare en ce moment suprême et solennel que je te bénis du plus profond de mon âme, cher enfant bien-aimé, toi qui ne m'as jamais donné que joie et bonheur en ce monde.

« Sois donc béni, Louis, mon bon et tendre fils, sois heureux selon tes mérites, et mes derniers désirs seront comblés.

« Ton père, A. RICHARD.

« Ecrit en double, à Paris, le 25 février 18**. »

Louis, profondément ému de la lecture de ce singulier testament, pleura longtemps, réfléchissant à la bizarrerie de son père.

Le jour touchait à sa fin, lorsque le jeune héritier entendit frapper à la porte de la mansarde, et la voix bien connue de Florestan de Saint-Herem arriva jusqu'à lui.

XIII

Saint-Herem se jeta dans les bras de son ami, et lui dit :

— Louis! mon pauvre Louis! je sais tout. Hier, je t'avais promis de venir m'informer de ce qui t'intéressait : tout à l'heure, lorsque je suis monté ici, ton portier m'a appris la mort de ton père. Ah! quel cruel et subit événement!

— Tiens, Florestan, reprit Louis d'une voix pleine de larmes, en remettant à Saint-Herem le testament du vieillard, lis et tu comprendras si mes regrets doivent être amers.

Lorsque Saint-Herem eut achevé la lecture du testament, Louis reprit :

— Eh bien! dis, maintenant, crois-tu que quelqu'un puisse blâmer mon père de son avarice? Sa seule pensée n'a-t-elle pas toujours été de m'enrichir, de me mettre à même de m'enrichir davantage encore, ou de faire un généreux usage des grands biens qu'il me laisse? C'était pour moi qu'il thésaurisait en s'imposant les plus rudes privations!...

— Rien ne m'étonne de la part d'un avare, répondit sincèrement Florestan. Les avares sont capables de grandes choses... et je dis cela pour tous ceux qui sont en proie à cette passion puissante et féconde.

— Florestan, n'exagérons rien.

— Cela te semble un paradoxe? Rien n'est pourtant plus vrai. On a toujours été envers les avares d'une injustice stupide, ajouta Saint-Herem avec un enthousiasme croissant. Les avares! mais l'on devrait leur élever des autels! Les avares! mais c'est prodigieux, le génie qu'ils emploient à inventer des économies inconcevables, impossibles! C'est quelque chose de merveilleux que de les voir, grâce à leur opiniâtre et savante parcimonie sur toute chose, faire de l'or avec des épargnes en apparence insaisissables, bouts d'allumettes conservés! épingles ramassées! centimes portant intérêts! liards placés à la grosse aventure! Et l'on ose nier les alchimistes, les inventeurs de la pierre philosophale! Mais l'avare la trouve, lui, la pierre philosophale! Encore une fois, ne fait-il pas de l'or avec ce qui n'est rien pour les autres!

— Sous ce rapport tu as raison, Florestan.

— Sous ce rapport et sous tous les rapports; car enfin... Mais tiens, Louis, suis bien ma comparaison : elle est juste et digne de mes beaux jours de rhétorique! Voici un terrain sec, stérile, où y creuse un puits; qu'arrive-t-il? les moindres sources, les plus petits filets d'eau souterraine, les plus imperceptibles pleurs de la terre, évaporés ou perdus jusqu'alors sans profit pour personne, se concentrent goutte à goutte au fond de ce puits; peu à peu l'eau monte, grandit; le réservoir s'emplit, et vienne ensuite une main bienfaitrice qui épanche largement au dehors cette onde salutaire : verdure et fleurs naissent comme par enchantement sur ce sol naguère aride; si nu. Eh bien! dis, Louis, ma comparaison est-elle juste! Le trésor caché de l'avare n'est-ce pas ce puits profond où, grâce à son opiniâtre et courageuse épargne, ses richesses s'amassent goutte à goutte, sou à sou ? et, sans l'avare, n'eussent-elles pas été dissipées presque aussitôt pour personne, ces milliers de gouttelettes de cuivre, converties en argent, puis en or, et qui, accumulées, forment un réservoir d'où peuvent s'épandre à flots le luxe, la magnificence, les prodigalités de toutes sortes !

— En vérité, Florestan, dit Louis distrait de sa douleur par la verve de son ami, si mon jugement sur la conduite de mon pauvre père avait pu être influencé par ma tendresse filiale, les raisons que tu me donnes, qui admets le point de vue économique, me prouveraient du moins que je ne me suis pas abusé.

— Je le crois bien, tu es dans le vrai ! car, si au point de vue philosophique nous envisageons l'avare, il est pardieu bien plus admirable encore !

— Ceci, mon ami, me paraît moins juste.

— Comment ! moins juste? voyons, réponds : admets-tu que, tôt ou tard, les richesses si laborieusement amassées par l'avare s'épanchent presque toujours en magnificences de toutes sortes, car le proverbe a dit : *À père avare, fils prodigue?*

— Soit; j'admets la prodigalité comme dispensatrice presque ordinaire de ces trésors si longtemps enfouis; mais où vois-tu de la philanthropie là dedans?

— Où je la vois? mais partout! mais dans tout! Est-ce que les conséquences du luxe, de la magnificence, n'amènent pas le bien-être et l'aisance de cent familles qui tissent la soie, le velours, la dentelle! qui ciselent l'or et l'argent, qui montent les pierres précieuses, bâtissent des palais, sculptent l'ébène des meubles, vernissent les voitures, élèvent les chevaux de race, cultivent les fleurs rares? Est-ce que peintres, architectes, cantatrices, musiciens, danseuses, tout ce qui est enfin métier, art, plaisir, enchantement, poésie, n'a pas une large part à la pluie d'or qui fait éclore ces merveilles? Et cette pluie d'or, d'où sort-elle, sinon de ce magique réservoir si lentement, mais si opiniâtrement rempli par l'avare? Ainsi donc, sans l'avare, pas de réservoir, pas de pluie d'or, et aucune des merveilles que cette splendide rosée peut seule féconder. Maintenant veux-tu que nous abordions l'avare au point de vue catholique?

— L'avare? au point de vue catholique !

— Certes, c'est là surtout qu'il est superbe !

— Je te l'avoue, cette thèse me semble difficile à soutenir !

— Elle est des plus simples, au contraire. Voyons. Dis-moi, une des plus grandes vertus catholiques, c'est l'abnégation, n'est-ce pas?

— Sans doute.

— C'est le renoncement absolu aux joies du monde, une vie de privations atroces! une vie d'anachorète dans la Thébaïde!

— Certes.

— N'est-il pas aussi d'un excellent procédé pour le salut des catholiques d'être vilipendés, bafoués, honnis, conspués, abhorrés pendant leur vie, et de supporter ces outrages avec une imperturbable sérénité?

— C'est encore vrai.

— Eh bien ! mon cher Louis, je te défie de me citer un ordre monastique dont les membres pratiquent aussi absolument, aussi sincèrement que la plupart des *avares* le renoncement aux plaisirs d'ici-bas. Et bien plus, presque tous les moines ne font-ils pas vœu de pauvreté comme un aveugle de naissance ferait vœu de n'y voir point clair! Les capucins renoncent aux danseuses, au vin de Champagne, aux chevaux de courses, aux hôtels, à la chasse, au lansquenet, à l'Opéra. Je le crois pardieu bien qu'ils y renoncent! La plupart ont de bonnes raisons pour cela; mais l'*avare*, quelle différence! Voilà un renoncement vraiment héroïque! Avoir sous clef, dans son coffre, toutes les jouissances, toutes les ivresses, tous les enchantements de l'âme, de l'esprit et des sens, et posséder l'incroyable courage de se refuser tant de délices! Ah! crois-moi, Louis, là est la force, là est le triomphe d'une volonté énergique.

— C'est qu'aussi l'avarice étouffe presque toujours les autres passions, et le renoncement coûte moins à l'avare qu'à tout autre. En se privant, il satisfait sa passion dominante.

— Justement! c'est donc une puissante, une grande passion, que celle-là qui aboutit à de tels renoncements? Et ce n'est rien encore : comme désintéressement, l'avare est sublime.

— Le désintéressement de l'avarice? Ah! Florestan!

— Il est sublime de désintéressement, te dis-je! L'avare ne s'abuse pas, lui; il est pendant sa vie exécré, honni; il le sait bien, et il sait bien aussi qu'à peine mort ses héritiers danseront presque toujours sur sa tombe les plus ébouriffantes farandoles, en buvant à l'heureuse fin du *fesse-matthieu*, du *grippe-sous*, de l'*harpagon*. Oui, l'avare sait tout cela, la pauvre et bonne âme! cependant, citez-m'en un, un seul qui, dans une telle prévision, rancuneux par delà le trépas, ait tenté de faire disparaître son trésor avec lui? Chose facile (deux millions en billets de banque se brûlent en cinq minutes). Mais non, ces doux avares, pleins de mansuétude et de pardon, pratiquant l'oubli des injures, laissent leur trésor à leurs héritiers. Tiens, Louis, sais-tu quelque chose de comparable au martyre d'un avare? Et il dure

non pas une heure, mais toute sa vie, car l'avare se dit incessamment : « Ce trésor amassé avec tant de peine, au prix de privations inouïes, ce n'est pas pour moi que je l'aurai amassé. Non, non; viendra l'heure fatale où cet or, auquel je tiens comme à mon sang, sera dissipé en prodigalités fastueuses, en folles orgies, au milieu desquelles mon nom sera bafoué, insulté, et cela par mon fils peut-être! et pourtant ce trésor, je ne le fais pas disparaître sous mon pour tromper et punir tant d'insolente cupidité ! » Ah! crois-moi, Louis, c'est une forte, c'est une grande passion que l'avarice, et rien de ce qui est grand, de ce qui est fort n'est inutile. Le bon Dieu sait ce qu'il fait; je crois que, dans son intelligence, dans sa bonté infinie, Dieu n'a pas créé de passions sans but, c'est-à-dire de forces sans emploi. S'il a doué les avares d'une incroyable concentration de volonté, c'est qu'ils ont à accomplir quelque mystérieuse destinée. Tant pis pour le vulgaire assez peu éclairé pour ignorer la *domestication* de cette passion (comme dirait le savant docteur Gasterini, le grand apôtre de la GOURMANDISE), tant pis pour l'humanité si elle laisse l'avarice à l'état inculte et sauvage. Greffez le poirier des bois, il vous donne, au lieu d'un fruit amer, un fruit savoureux. Encore une fois, toute force a et doit avoir son expansion, toute passion bien dirigée son excellent essor. Suppose, par exemple, un avare, ministre des finances d'un État, et apportant dans la gestion, dans l'économie des deniers publics, cette inflexibilité qui caractérise l'avarice : il enfantera des prodiges. *À l'encontre du surintendant Fouquet* (dit Saint-Simon), M. COLBERT, *malgré ses grands biens, était le un particulier étrangement ménager*. Or, Fouquet avait ruiné les finances de la France, et jamais elles ne furent plus florissantes que sous Colbert; sans ce ministre avare, les prodigalités de Louis XIV devenaient impossibles, et tant de merveilles de magnificence et d'art et de poésie restaient dans le néant. Tu le vois donc bien, tout se relie, tout s'enchaîne; chaque cause a son effet. Louis XIV prodigue est la conséquence de Colbert avare.

— Florestan, reprit tristement Louis, pendant que ce *grand roi*, dont j'ai toujours abhorré la mémoire, ruinait le pays par ses insolentes prodigalités, le peuple, écrasé d'impôts, vivait dans une atroce servitude pour subvenir au faste effronté de Louis XIV, de ses maîtresses et de ses bâtards. De nos jours, que de misères encore! Ah! si, comme moi, tu connaissais la vie de Mariette, par exemple! Pauvre enfant, si vaillante au travail pourtant! le spectacle d'un si affreux dénûment te causerait comme à moi un sentiment amer.

— C'est vrai; mais que veux-tu, je suis philanthrope et économiste à ma manière; je prends le temps comme il est, et, faute de pouvoir faire mieux, je dépense jusqu'à mon dernier sou, morbleu! Ce n'est pas moi que l'on accusera de faire chômer les industries de luxe.

— Mon ami, je n'accuse pas ton généreux cœur; dans l'état des choses, celui qui dépense largement, follement même ses richesses, donne du moins du travail, et le travail c'est le pain; et pourtant tu vantes l'avarice.

— Eh morbleu! mon ami, raison de plus !

— Comment?

— Qui appréciera, qui glorifiera l'excellence de l'armurier, sinon le guerrier? L'excellence du cheval, sinon le cavalier? L'excellence du luthier, sinon l'instrumentiste? Paganini pape eût canonisé Stradivarius, l'auteur de ces violons merveilleux dont le grand artiste jouait si admirablement. Or, moi qui ai la prétention de jouer admirablement du million, je canoniserais mon oncle, cet héroïque martyr de l'avarice, si la justice distributive voulait que les merveilleux instruments de prodigalité qu'il fabrique, en entassant sou sur sou, tombassent un jour entre mes mains.

— Ah! mon Dieu !

— Qu'as-tu, Louis?

— Tu ignores donc?

— Quoi?

— Mais oui! car, ainsi que me l'avait écrit mon pauvre père, la résolution de M. Ramon de venir à Paris avait été subite.

— Mon oncle est à Paris?

— Ah! Florestan ! il est des événements étranges !

— De quel air me dis-tu cela? Que signifie...

— C'est moi, dans un pareil moment, et après l'entretien que nous venons d'avoir, c'est moi qui dois te l'apprendre!... Ah! encore une fois, cela est étrange !

— Que dois tu m'apprendre? Qu'y a-t-il d'étrange?

— Je t'ai parlé des projets de mon pauvre père au sujet d'un mariage entre moi et ma cousine.

— Oui. Ensuite?

— Ton oncle, ignorant mon refus et voulant hâter le moment de cette union, qu'il désirait aussi vivement que mon père, est parti hier de Dreux avec sa fille, et tous deux sont arrivés ce matin.

— A Paris? Bien. Mais pourquoi cet embarras, cette hésitation de ta part, mon cher Louis?

— Ton oncle et sa fille ne sont pas venus directement à Paris, ils se sont arrêtés à Versailles, Florestan, à Versailles, où mon pauvre père... est... est allé!

A cette pensée qui ravivait ses douleurs, Louis ne put achever; ses sanglots étouffèrent sa voix.

Saint-Herem, touché de l'émotion de son ami, lui dit :

— Allons, mon ami, du courage. Je comprends ton profond chagrin, le testament de ton père doit augmenter tes regrets.

— Florestan, dit le jeune homme après un assez long silence, en essuyant ses larmes, si j'hésitais tout à l'heure à m'expliquer, c'est que, dans les idées de tristesse et de deuil où je suis, je crains d'être péniblement affecté en voyant la satisfaction, excusable peut-être, que va sans doute te causer la nouvelle que j'ai à te donner.

— Pour Dieu ! Louis, explique-toi clairement.

— Je te l'ai dit ; mon père est allé à Versailles rejoindre ton oncle et ta cousine.

— Et puis ?

— Ton oncle et sa fille, ainsi que cela avait été convenu avec mon père, auront sans nul doute pris le chemin de fer comme lui, monté dans le même waggon que lui... et...

— Eux aussi ! s'écria Saint-Herem en mettant ses deux mains sur son visage. Le malheureux ! ah ! ce serait horrible !

Le cri d'effroi, l'accent de pitié de Saint-Herem, furent si spontanés, si sincères, que Louis se sentit touché de cette preuve de la bonté du cœur de son ami, dont la première impression avait témoigné d'un sentiment de généreuse commisération et non d'une joie cupide et cynique.

XIV

Pendant quelques moments, Louis Richard et Saint-Herem gardèrent le silence.

Le fils de l'avare prit le premier la parole, et dit à son ami avec effusion :

— Je ne puis t'exprimer, Florestan, combien me touche ton mouvement de sensibilité ; il est si en rapport avec ce que j'éprouve dans ce triste moment !

— Que veux-tu, mon ami, je n'éprouvais, tu le sais, aucune sympathie pour mon oncle. J'ai pu faire sur lui, et dans l'hypothèse de son héritage, de ces plaisanteries à la Molière et pour ainsi dire traditionnelles, railleries d'autant moins graves, d'ailleurs, que ceux dont on plaisante sont en parfaite santé ; mais, dès qu'il s'agit d'un événement aussi horrible que celui dont mon oncle et ton pauvre père, ont été victimes comme ton pauvre père, il faudrait avoir un cœur de bronze et une cupidité infâme pour ne songer qu'à l'héritage, et ne pas se sentir profondément attristé. Quant à ce que je pense de l'avarice, cette passion dont les conséquences sont si fécondes, je ne rétracte rien ; j'aurais seulement donné à ma pensée un tour plus sérieux, si j'avais prévu qu'il s'agissait pour moi d'une question pour ainsi dire personnelle... Mais, tu le vois, je ne suis pas du moins de ces héritiers qui accueillent l'héritage avec une joie cynique. Maintenant, dis-moi, Louis, pardonne à la nécessité d'une question qui va raviver ta douleur : dans les pénibles recherches que tu as faites pour retrouver ton père, rien n'a pu te donner l'espoir que mon oncle et sa fille auraient échappé à cette mort affreuse ?

— Tout ce que je puis te dire, Florestan, c'est que je me rappelle parfaitement n'avoir vu ni ton oncle ni ta cousine parmi les personnes blessées ou mortes sur le coup. Quant aux victimes dont ils ont sans doute, hélas ! partagé le sort, ainsi que mon père, il était impossible de reconnaître leurs traits : c'était un amas sans forme de corps calcinés, réduits presque en charbon.

Louis s'interrompit à ce terrible souvenir et des larmes coulèrent encore.

— Selon toute probabilité, mon pauvre Louis, c'est ainsi que tu me l'as dit : mon oncle et sa fille devaient se trouver dans le même waggon que ton père. Ils auront peut-être partagé son sort: je vais d'ailleurs écrire à Dreux et faire de nouvelles et actives recherches. Si tu apprends de ton côté quelque chose de nouveau, préviens-moi. Mais, j'y songe : au milieu de tant de tristes incidents, j'avais oublié de te demander des nouvelles de Mariette.

— Il s'agissait d'un cruel malentendu, ainsi que tu l'avais soupçonné, Florestan. Je l'ai retrouvée plus tendre, plus dévouée que jamais.

— Son amour sera du moins pour toi une précieuse consolation à tes chagrins. Allons, bon courage, mon pauvre Louis, courage et à bientôt ! Tout ce qui vient de se passer resserre encore les liens de notre amitié.

— Ah! Florestan, sans cette amitié, sans l'affection de Mariette, je ne sais comment je pourrais supporter le coup qui m'accable. Adieu, mon ami, et tiens-moi aussi au courant de ce que tu découvriras relativement à ton oncle.

Les deux amis se séparèrent.

Resté seul, Louis réfléchit longtemps à la conduite qu'il devait te-

nir. Sa détermination arrêtée, il plaça dans son sac de nuit la somme en or qu'il avait découverte, prit le testament de son père, et se rendit chez son patron, notaire et ami du défunt, ainsi que Louis venait de l'apprendre en lisant les dernières volontés de l'avare.

Le notaire, douloureusement frappé des détails de la mort plus que probable de son client, tâcha de consoler Louis, et se chargea des formalités légales qui devaient constater le décès de M. Richard père.

Ces arrangements convenus, Louis dit à son patron :

— Maintenant, monsieur, il me reste une question à vous faire. Les tristes formalités dont vous parlez étant remplies, pourrai-je disposer de cette somme ?

— Certes oui, mon cher Louis.

— Voici donc, monsieur, quelles sont mes intentions. Je vous apporte une somme qui se monte à plus de deux cent mille francs ; je l'ai trouvée dans un de nos meubles ; sur cette somme, je désire assurer une pension de douze cents francs à la marraine d'une jeune orpheline que je dois épouser.

— Mais cette jeune fille est-elle dans une position de fortune qui...

— Mon cher patron, répondit Louis en accentuant les paroles suivantes d'un ton ferme et résolu, cette jeune fille est ouvrière et vit de son travail ; je l'aime depuis longtemps ; aucune puissance humaine ne m'empêcherait de l'épouser.

— Soit, dit le notaire, comprenant l'inutilité de ses observations ; la pension dont vous parlez sera constituée au bénéfice de la personne que vous m'indiquerez.

— Je désire prendre ensuite sur la somme dont nous parlons quinze mille francs environ, afin de monter notre ménage d'une manière convenable.

— Quinze mille francs seulement ! dit le notaire, surpris de la modicité de cette demande ; cela vous suffira ?

— Ma fiancée est comme moi, mon cher patron, habituée à une vie pauvre et laborieuse. Nos désirs ne s'élèvent pas au delà d'une modeste aisance. Aussi un revenu de mille écus par année, joint à notre travail, nous suffira largement.

— Comment, joint à votre travail! Vous comptez donc?...

— Rester dans votre étude, si vous ne trouvez pas que j'ai démérité de votre estime.

— Votre femme rester ouvrière, et vous clerc de notaire, avec plus de cent mille livres de rentes !

— Je ne puis, je ne veux pas me résoudre à croire que cette grande fortune me soit acquise, mon cher patron; et, lors même que toutes les formalités judiciaires établiraient la mort probable de mon malheureux père, je conserverai toujours au fond du cœur une vague espérance de revoir celui que je regrette, que je regretterai toujours.

— Hélas ! vous vous abusez, mon pauvre Louis.

— Je m'abuserai le plus longtemps possible, monsieur, et, tant que durera cette illusion, je ne me croirai pas libre de disposer des biens de mon père, si ce n'est dans la limite que je vous indique.

— L'on ne saurait, mon cher Louis, agir avec une plus parfaite, une plus honorable réserve ; mais quel emploi ferez-vous de l'excédant de ces grands biens ?

— Je ne prendrai à ce sujet aucune résolution, monsieur, tant que je conserverai la moindre espérance de retrouver mon père. Veuillez donc demeurer dépositaire de ces richesses, et les gérer comme vous les avez gérées jusqu'ici.

— Je ne puis vous louer, que vous admirer, mon cher Louis, répondit le notaire avec une émotion profonde. Votre conduite est d'ailleurs conforme à celle que vous avez toujours tenue... vous ne pouviez mieux honorer la mémoire de votre père qu'en agissant ainsi. Il sera fait comme vous le désirez : je resterai dépositaire de votre fortune, et cette somme en or restera ici intacte, sauf ce que vous prélèverez pour vos besoins. Je vais dès aujourd'hui dresser le contrat de pension viagère dont vous m'avez parlé.

— A ce sujet, mon cher patron, je dois entrer dans un détail qui peut-être vous semblera puéril, mais qui cependant a son côté pénible.

— Que voulez-vous dire ?

— La pauvre femme à qui je désire assurer cette pension a été si cruellement éprouvée par le malheur durant sa longue vie, que son caractère, généreux au fond, s'est aigri et est devenu farouche, défiant; à la moindre promesse de bonheur serait naïve à ses yeux, si cette promesse ne s'appuyait sur une preuve palpable, matérielle... Aussi, pour convaincre cette infortunée de la réalité de la pension dont nous parlons, j'emporterai une quinzaine de mille francs en or; ils représenteront à peu près le capital de la rente viagère. C'est le seul moyen de convaincre cette pauvre femme de mes bonnes intentions pour elle.

— Rien de plus simple, mon cher Louis; prenez ce que vous désirez, et dès aujourd'hui l'acte sera dressé.

Louis, quittant le notaire, se rendit chez Mariette.

XV

Lorsque Louis Richard entra chez Mariette, la jeune ouvrière travaillait auprès du lit de sa marraine, qui semblait profondément endormie.

La pâleur du jeune homme, l'altération de ses traits, leur expression douloureuse, frappèrent la jeune fille, et elle s'écria en se levant et allant vivement à lui :

— Mon Dieu! Louis, il vous est arrivé quelque chose, un malheur peut-être?

— Un grand malheur, Mariette. Avez-vous entendu parler du terrible accident arrivé hier sur le chemin de fer de Versailles?

— Oh! oui, c'est affreux. On parle de je ne sais combien de victimes.

— Je n'en puis presque plus douter, mon père est au nombre de ces victimes.

Mariette, par un mouvement plus rapide que la pensée, se jeta en sanglotant au cou de Louis, et il sentit les larmes de la jeune fille inonder ses joues.

Longtemps les deux jeunes gens restèrent ainsi enlacés sans prononcer une parole. Louis rompit le premier ce douloureux silence.

— Mariette, vous savez dans quels termes je vous ai toujours parlé de mon père, c'est vous dire mon désespoir.

— Oh! c'est un grand malheur, Louis!

— A ce chagrin, il n'est pour moi qu'une consolation au monde, c'est votre amour, Mariette, et c'est amour je viens vous demander une nouvelle preuve.

— Parlez, ordonnez, mon cœur est à vous.

— Il faut nous marier dans le plus bref délai possible.

— Ah! Louis! pouviez-vous douter un moment de mon consentement? Est-ce donc là cette preuve d'amour que vous me demandiez? dit la jeune fille.

Mais bientôt et comme par réflexion, elle ajouta tristement :

— Cependant, nous marier avant la fin de votre deuil, qui commence aujourd'hui, est-ce possible?

— Je viens vous supplier, Mariette, de ne pas vous arrêter à ce scrupule, si respectable qu'il paraisse.

— Moi... je ferai ce que vous voudrez.

— Écoutez, Mariette; longtemps, bien longtemps encore, mon cœur sera brisé par les regrets. Le véritable deuil est celui de l'âme, et chez moi il ne dépassera que trop le terme de convention fixé pour le deuil apparent. J'ai la conscience d'honorer autant qu'il est en moi la mémoire de mon père. C'est pour cela, Mariette, que je crois pouvoir ne pas me conformer à un usage de pure convenance. Ah! croyez-moi, un mariage contracté sous l'impression douloureuse de la perte que j'ai faite aura un caractère encore plus solennel, encore plus sacré, que si nous nous mariions dans d'autres circonstances.

— Vous avez peut-être raison, Louis; mais cependant l'usage!

— Franchement, Mariette, parce que vous serez ma femme, parce que vous pleurerez mon père avec moi, parce que vous porterez son deuil, parce qu'un lien presque filial vous rattachera désormais à la mémoire vénérée, sera-t-il moins pieusement regretté par nous? Et puis enfin, Mariette, dans l'accablement où je suis, vivre longtemps seul, isolé de vous, me serait impossible... Tenez... je mourrais de chagrin.

— Je ne suis qu'une pauvre ouvrière, ignorante des usages du monde, je ne peux que vous dire ce que je sens, Louis. Tout à l'heure votre offre de nous marier si tôt m'avait par réflexion paru blesser ce que vous appelez les convenances; mais les raisons que vous me donnez me font partager votre avis. Peut-être ai-je tort : peut-être le désir d'être à vous, de faire ce qui vous plaît m'influence-t-il? Je ne sais, Louis, mais à cette heure je n'éprouverais ni regret ni remords à nous marier le plus tôt possible. Et pourtant, il me semble que j'ai le cœur aussi susceptible qu'un autre.

— Oui, et plus ingrat qu'un autre! s'écria soudain madame Lacombe de sa voix aigre en se dressant sur son séant.

Puis, voyant la surprise se peindre sur les traits de sa filleule et de Louis, elle ajouta d'un ton sardonique :

— C'est ça, on croyait la vieille endormie! et l'on ne se gênait pas de parler de noce. Mais j'ai tout entendu, moi.

— Et il n'y avait rien que vous ne puissiez entendre, madame, reprit Louis gravement. Mariette et moi n'avons pas à rétracter une seule de nos paroles.

— Pardi !... je le crois bien... vous ne pensez qu'à vous...Vous n'avez pas d'autre idée en tête que ce damné mariage... Quant à moi, on y pense... comme si j'étais ma bière... Aussi, je ne veux pas que...

— Permettez-moi de vous interrompre, madame, dit Louis, et de vous prouver que je n'ai pas oublié dans ma promesse...

Ce disant, il prit un petit coffret de bois qu'il avait en entrant déposé sur la table, le posa sur le lit de madame Lacombe, et lui dit, en lui remettant une clef :

— Veuillez ouvrir ce coffret, madame, ce qu'il contient vous appartient.

Madame Lacombe prit la clef d'un air défiant, ouvrit le coffret, jeta les yeux sur son contenu, et s'écria éblouie, stupéfiée :

— Ah! mon Dieu! ah! grand Dieu!

Ce premier moment de stupeur passé, la malade renversa le coffret sur son lit, et bientôt elle eut devant elle un monceau de quadruples d'or étincelants.

Madame Lacombe ne pouvait en croire ses yeux; elle regardait les doublons, les maniait, les faisait tinter, en murmurant d'une voix entrecoupée, palpitante :

— Oh! que d'or! que d'or! Et c'est du bel et bon or, pour sûr! il ne sonne pas faux? Mon Dieu! les belles pièces! On dirait des pièces de cent sous en or. Quelle grosse somme ça doit faire!

Et elle ajouta avec un soupir :

— Il y aurait pourtant là dedans le repos et l'aisance de la vie à deux pauvres femmes comme moi et Mariette!

— Il y a là, madame, reprit Louis, quinze mille francs environ... ils sont à vous.

— A moi! s'écria la malade. Comment! à moi?...

Puis elle secoua la tête d'un air incrédule et reprit aigrement :

— C'est ça, moquez-vous de la vieille. Laissez-moi donc tranquille! Je vous demande un peu pourquoi cet or serait à moi?

— Parce que cet or, reprit affectueusement Louis, doit servir à vous assurer une pension de douze cents francs, soit qu'après le mariage de Mariette vous veuilliez vivre seule, soit que vous préfériez rester auprès de nous ; car dès demain notre contrat sera signé, en même temps que le contrat de votre rente, et cet acte, vous le recevrez en échange de cet or. J'ai tenu à vous l'apporter afin de vous convaincre de la sincérité de mes promesses. Maintenant, madame, puisque vous nous avez écoutés, vous savez les raisons qui me font supplier Mariette de hâter notre mariage. Votre sort, vous le voyez, désormais parfaitement assuré. Trouvez-vous encore quelque empêchement à notre union avec Mariette, pour qui vous serez toujours une seconde mère? Dites-le-nous, je vous en supplie, madame. Tout ce qui dépendra d'elle et de moi pour vous contenter, nous le ferons. Notre bonheur serait incomplet s'il vous manquait quelque chose. Allons, madame, courage! oubliez vos longues souffrances en pensant à une position plus heureuse.

A ces bonnes paroles de Louis prononcées d'une voix émue et pénétrante, madame Lacombe ne répondit rien d'abord; puis elle mit soudain sa main sur ses yeux et se renversa sur son traversin en poussant un soupir douloureux.

Louis et Mariette se regardèrent interdits; la jeune fille, s'agenouillant au chevet de la malade, reprit :

— Marraine, qu'avez-vous?

Mais, ne recevant pas de réponse, Mariette, se penchant davantage, vit des larmes ruisseler à travers les doigts de la malade, et s'écria, sans dissimuler sa surprise :

— O mon Dieu! Louis, ma marraine pleure! Depuis dix ans, c'est la première fois!

— Madame, dit vivement le jeune homme en se penchant vers madame Lacombe, au nom du ciel! répondez; qu'avez-vous?

— J'ai l'air d'une mendiante; j'ai l'air de ne penser qu'à l'argent... et j'ai honte, reprit la malheureuse créature en sanglotant et en continuant de cacher son visage sous les draps, devint pourpre de confusion. Oui, oui, vous croyez que je ne veux rien faire que pour de l'argent; vous croyez que je vous vends Mariette pour le mariage... comme je l'aurais vendue pour la débauche, si j'avais été une mauvaise femme!

— Marraine! s'écria Mariette en embrassant la malade avec effusion, ne dites pas cela. Pouvez-vous croire que Louis et moi nous ayons pensé à vous humilier en vous apportant cet argent? Louis a fait ce que vous lui avez demandé, voilà tout.

— Je le sais bien; mais que veux-tu, petite? c'est la peur de mourir dans la rue! La peur de te voir, par la livide, devint pourpre de mourir dans la rue! La peur de te voir, par le mariage, plus malheureuse encore que tu l'es, qui m'a fait demander cette rente. Je disais cela, moi, par manière de parler; je sais bien que je n'ai pas le droit d'en avoir, des rentes! mais ce ne figurait-ce que c'est que la crainte de se voir, comme tant d'autres, sur le pavé, à mon âge, et infirme! C'est égal, j'ai demandé trop, j'ai eu tort. Qu'est-ce qu'il me faut? Un matelas dans un coin, un morceau à manger, et surtout que Mariette ne me laisse pas toute seule. Je suis si habituée à la voir aller et venir autour de moi avec sa douce petite figure ! Si elle n'était plus là, je me croirais dans la nuit de la bière... Et puis, il n'y a qu'elle au monde qui puisse être bonne pour une vieille infirme comme moi... Je ne désire pas autre chose que de rester avec Mariette ; mais me voir jeter ce tas d'or à la figure, eh bien ! oui, ça m'a ébloui une minute ; mais ça m'a tant humiliée, là, au fin fond du cœur, que j'en ai pleuré, que j'en pleure, ajouta-t-elle en essuyant ses yeux du revers de sa main. On a beau n'être que de terre, on a son amour-propre aussi. Et pourtant, quand ce mauvais homme de l'autre jour est venu m'offrir de l'or pour que je lui vende Mariette, ça aurait dû m'humilier encore plus qu'aujourd'hui. Eh bien, non ! ce que c'est que de nous ! ça m'a rendue furieuse, voilà tout. Mais cette fois-ci, oh ! c'est bien différent ! je pleure, et, tu es là pour le dire, petite, il y a peut-être dix ans que ça ne m'est arrivé. Dame ! voyez-vous, le fiel ça ronge le cœur, mais *ça ne se pleure pas*.

— Ah ! pleurez, pleurez, marraine ; ces pleurs-là font du bien !

— Allons, ma bonne madame Lacombe, ayez confiance dans l'avenir, reprit Louis de plus en plus attendri. Mariette ne vous quittera jamais ; nous ne vivrons pas dans le luxe, mais dans une modeste aisance ; Mariette continuera de vous aimer comme sa mère, et moi je vous aimerai comme un bon fils.

La malade, après quelques instants de silence, reprit en tâchant de lire au plus profond du cœur des jeunes gens :

— C'est pour de bon ce que vous me dites ? Vous me prendrez avec vous... bien vrai ?

A cette nouvelle preuve de l'invincible défiance de cette infortunée, défiance, hélas ! légitimée par l'acharnement du malheur, Louis et Mariette échangèrent un regard de compassion ; la jeune ouvrière prit la main de la malade et lui dit de sa voix la plus tendre, la plus touchante :

— Oui, marraine, nous vous garderons avec nous ; nous vous soignerons, ainsi que notre mère ; vous verrez comme nous vous rendrons heureuse... vrai... oh ! bien vrai !

— Vrai !... ajouta Louis avec expansion ; bien vrai, bonne mère !

La voix, l'accent, la physionomie de Louis et de Mariette eussent convaincu le scepticisme en personne ; mais hélas ! une créance absolue, complète, à un bonheur inespéré ne pouvait pénétrer, attendrir aussi brusquement cette pauvre âme depuis si longtemps corrodée par la souffrance. La malade répondit donc en soupirant et en tâchant de cacher son doute involontaire, de crainte d'affliger les deux jeunes gens :

— Je vous crois, mes enfants. Oui, je crois que M. Louis a de l'argent ; je crois que vous avez tous les deux de la bonne amitié pour moi... Mais, dame ! vous savez, au nouveau tout est beau ! En commençant on a comme ça bien de la bonne volonté, et puis plus tard... ça change ! Enfin nous verrons. Et d'ailleurs, je serai gênante peut-être pour vous. De nouveaux mariés, ça aime à être seuls, et une vieille sempiternelle comme moi ça dépareraît votre gentil ménage ; vous craindrez que je vous bougonne ; vous vous lasserez de moi... Enfin, qui vivra verra.

Mariette, pénétrant la pensée de la pauvre vieille, lui dit avec un accent de douloureux reproche :

— Ah ! marraine, vous doutez encore de nous ! pourtant...

— Faut me pardonner, mes enfants, c'est plus fort que moi, répondit la malheureuse en sanglotant ; puis, souriant d'un air navré, elle reprit : Ça vaut peut-être mieux pour moi que je doute, car si, après cinquante ans de peine et de misères, j'allais tout d'un coup croire au bonheur, ça me rendrait peut-être folle. Et elle ajouta avec un accent d'inexprimable amertume :

Ma foi ! ça ne m'étonnerait pas... j'ai toujours eu tant de chance, moi !

XVI

Cinq ans s'étaient écoulés depuis les événements que nous avons racontés.

La scène suivante se passait dans la soirée du 12 mai 18'', anniversaire du sinistre arrivé le 12 mai 18'' sur le chemin de fer de Versailles.

Il était environ neuf heures et demie du soir : une jeune femme de vingt-cinq à vingt-six ans, très-brune, d'une taille remplie d'élégance,

d'une figure aussi agréable que distinguée, et d'une physionomie à la fois spirituelle et décidée, achevait une éblouissante toilette de bal ; deux de ses femmes l'assistaient : l'une venait d'agrafer au cou de cette séduisante personne une étincelante *rivière* de diamants gros comme des noisettes, tandis que l'autre femme de chambre posait sur les beaux cheveux noirs de sa maîtresse un magnifique diadème dont les diamants égalaient en grosseur ceux du collier. Ajoutons enfin que le corsage en pointe de la robe de peau-de-soie vert tendre, garnie de dentelles magnifiques et de nœuds de satin rose, que portait la jeune femme, étincelait de merveilleuses pierreries.

Le choix de ces diamants n'avait sans doute prévalu qu'après réflexion, car sur un meuble on voyait plusieurs écrins renfermant des parures complètes et non moins splendides ; deux d'entre elles, l'une en rubis énormes, l'autre en perles fines, d'un *orient* et d'un grosseur extraordinaires, eussent fait l'admiration d'un joaillier.

L'une des deux femmes de chambre, beaucoup plus âgée que sa compagne, semblait, grâce à ses longs services, jouir d'une sorte de familiarité auprès de sa maîtresse qui, ainsi qu'elle, était Russe ; la seconde femme, jeune Française n'entendant pas le russe, assista donc sans le comprendre à l'entretien suivant, qui eut lieu entre madame la comtesse Zomaloff et sa camériste de confiance, mademoiselle Katinka :

— Madame trouve-t-elle son diadème bien placé ainsi ?

— Oui... assez bien, répondit la comtesse.

Et jetant un dernier regard sur la glace, elle ajouta en se levant :

— Où est mon bouquet ?

— Le voici, madame.

Mais madame Zomaloff se reculant, s'écria :

— Ah ! mon Dieu ! qu'est-ce que cet affreux bouquet jauni, ridé, fané ?

— C'est M. le duc qui l'a envoyé tantôt pour madame la comtesse.

— Je reconnais là son bon goût, dit madame Zomaloff en haussant les épaules, et elle ajouta d'un air moqueur : C'est, je le parierais, un bouquet de *hasard* ; quelque amant qui, rompant hier matin avec sa maîtresse, n'aura pas envoyé chercher le soir le bouquet commandé. Il n'y a que M. de Riancourt au monde pour découvrir de pareils bons marchés !

— Ah ! madame, croyez-vous que M. le duc lésine à ce point ?... Il est si riche !

— Raison de plus !

Quelqu'un frappant à la porte d'une pièce qui précédait le salon de toilette, la femme de chambre française disparut un moment et revint dire :

— M. le duc de Riancourt est arrivé ; il est aux ordres de madame la comtesse.

— Qu'il m'attende ! répondit madame Zomaloff. La princesse est sans doute au salon ?

— Oui, madame la comtesse.

— C'est bien. Tiens, Katinka, agrafe ce bracelet, reprit la jeune femme en tendant son bras charmant à sa camériste. Mais quelle heure est-il donc ?

Et comme Katinka allait lui répondre, madame Zomaloff ajouta en souriant de son air moqueur :

— Après tout, qu'ai-je besoin de te faire cette question ! le duc vient d'arriver, neuf heures et demie doivent...

Le tintement d'une demie qui sonnait en ce moment à la pendule de la cheminée interrompit la comtesse. Elle reprit en riant aux éclats :

— Quand je te le disais, Katinka : c'est une véritable horloge pour l'exactitude que M. de Riancourt.

— Madame, cela vous prouve son empressement, son amour.

— Je lui préférerais un amour un peu plus déréglé. Ces gens à la minute, qui adorent à heure fixe, me paraissent avoir une montre à la place du cœur. Donne-moi un flacon... non, pas celui-ci, un autre ; oui, celui-ci. Maintenant je suis presque fâchée d'être complètement habillée et de ne pas avoir à faire attendre plus longtemps ce pauvre duc pour le récompenser de son impitoyable exactitude.

— Mon Dieu ! madame, comme vous êtes désobligeante pour lui ; alors pourquoi l'épousez-vous ?

— Ah ! pourquoi ? répondit la comtesse d'un air distrait en donnant un dernier coup d'œil à son miroir, pourquoi j'épouse M. de Riancourt ? Tu es plus curieuse que moi, Katinka ; est-ce qu'on sait jamais pourquoi l'on se remarie ?

— La raison de ce mariage paraît pourtant fort simple à tout le monde : le duc, sans avoir certainement comme madame la comtesse des mines d'or en Crimée, des mines d'argent dans les monts Ourals, des...

— Katinka, trève sur mes richesses.

— Enfin, madame, M. le duc, sans avoir comme vous des biens immenses. est un des plus riches et des plus grands seigneurs de France; il est jeune, sa figure est agréable; il n'a pas, comme tant d'autres jeunes gens, mené une conduite dissipée, débauchée; il est très-religieux, il est très...

— Il est, si tu le veux, digne de porter une couronne de fleurs d'oranger le jour de notre mariage, droit que moi je n'aurai pas; mais fais-moi grâce du reste de ses vertus : il me semble entendre ma tante me vanter son favori.

— En effet, madame la princesse fait grand cas de M. le duc, et elle n'est pas la seule qui...

— Donne-moi un manteau : les soirées sont encore fraîches.

— Madame a-t-elle pensé aux commandes qu'elle a à faire pour le 20 de ce mois?

— Quelles commandes?

— Madame oublie donc que son mariage a lieu d'aujourd'hui en huit?

— Comment! d'aujourd'hui en huit?... Déjà!

— Certainement, madame : vous l'avez fixé au 20 mai, et nous sommes le 12.

— Allons, si j'ai dit le 20, il faudra bien que ce soit le 20... Donnemoi mes éventails.

Et tout en choisissant un délicieux éventail, véritable *Watteau*, parmi une collection de petits chefs-d'œuvre en ce genre, la comtesse ajouta :

— Comme c'est singulier pourtant! On a la plus grande existence, on est jeune, on est libre, on abhorre la contrainte, et l'on n'a rien de plus pressé que de se donner de nouveau un maître!

— Un maître! M. le duc! lui si doux, si bénin! Vous ferez de lui tout ce que vous voudrez, madame.

— Je n'en ferai jamais un homme charmant, et pourtant je l'épouse. Ah! ma tante, ma tante, vous me conseillez peut-être une grande sottise! dit la comtesse moitié souriante, moitié pensive, en regardant machinalement un *colin-maillard* de petits amours par *Watteau*, que représentait son éventail.

— Eh! mon Dieu, ajouta-t-elle, tel a été mon mariage : un véritable colin-maillard, où choix à l'aveuglette parmi des hommes du monde qui ne valaient guère mieux les uns que les autres; tous à peu près égaux en richesse et en naissance, mais tous si médiocres, si effacés, si nuls, qu'il n'y avait guère à s'inquiéter du choix. Voilà le motif de ma préférence pour M de Riancourt, Katinka; et puis enfin le veuvage a ses inconvénients, je le sais; mais le mariage n'en a-t-il pas aussi de bien grands? Bah! il vaut mieux encore se marier; l'on n'a plus au moins l'ennui de se dire : Que ferai-je?

Et, ce disant, la comtesse Zomaloff se rendit au salon, où elle trouva sa tante et le duc de Riancourt.

La princesse Wileska, tante de madame Zomaloff, était une grande femme du meilleur air, portant ses cheveux blancs légèrement poudrés.

Le duc de Riancourt, petit homme de trente ans environ, au cou un peu tors, à la mine béate, onctueuse, à l'œil oblique, aux cheveux longs et plats, séparés par une raie située presqu'au milieu du front, avait l'air singulièrement sournois et cafard; tous ses mouvements calculés, réglés, compassés, annonçaient un grand empire sur soimême. Lorsque madame Zomaloff entra, il alla vers elle, la salua profondément, et porta près de ses lèvres, avec une respectueuse courtoisie, la jolie main que la comtesse lui tendit familièrement; puis il se redressa, resta un moment ébloui et s'écria :

— Ah! madame la comtesse, je ne vous avais pas encore vu tous vos diamants. Ah! je ne crois pas qu'il y ait au monde des diamants pareils. Ah! qu'ils sont beaux! mon Dieu! qu'ils sont donc beaux!

— Vraiment, mon cher duc? dit madame Zomaloff en feignant de minauder. Ah! vous me rendez confuse... par le joaillier qui a vendu ces pierreries; il est impossible d'être plus galant que vous l'êtes... pour lui; et puisque ses colliers et ses diadèmes vous causent une si tendre émotion, vous inspirent de si gracieux compliments, de si ingénieuses flatteries, je puis vous dire en confidence le nom charmant de ce trop séduisant lapidaire... Il se nomme *Ézéchiel Rabolautencraff*, de Francfort.

Pendant que M. de Riancourt, d'abord un peu étourdi de la railleuse réponse de madame Zomaloff, cherchait une réponse, sa tante de la jeune femme lui adressa un regard de reproche, et dit au duc, en souriant d'un air forcé :

— Voyez un peu, mon cher duc, comme cette méchante Fœdora se plaît à vous tourmenter. C'est ainsi que l'on cache toujours l'affection que l'on a pour les gens.

— Je vous avouerai humblement, ma chère princesse, reprit M. de Riancourt, afin de réparer sa maladresse, je vous avouerai que ébloui de ces magnifiques pierreries, je n'ai pu tout d'abord rendre hommage à la grâce de celle qui les portait. Mais... mais... ne peut-on être ébloui par le soleil en regardant une fleur charmante?

— Je trouve si galante, si juste, cette comparaison de coup de soleil et de fleurs, répondit la malicieuse jeune femme, que je serais tentée de croire que ce même coup de soleil dont vous parlez aura outrageusement flétri ces pauvres fleurs, ajouta-t-elle en riant comme une folle et montrant à M. de Riancourt le bouquet fané qu'il lui avait envoyé.

Le béat personnage rougit jusqu'aux oreilles et ne sut que répondre; la princesse fronça les sourcils d'un air impatient et fâché, tandis que la comtesse Zomaloff, parfaitement indifférente à ces divers ressentiments, dit au duc en se dirigeant vers la porte :

— Donnez votre bras à ma tante, mon cher monsieur de Riancourt. J'ai promis à l'ambassadrice de Sardaigne d'arriver chez elle de très-bonne heure; elle doit me présenter à l'une de ses parentes, et vous savez qu'il nous faut d'abord aller visiter dans tous ses détails ce merveilleux hôtel, ce palais enchanté, où l'on nous attend. Visite fort bizarre à pareille heure de la soirée, il est vrai, mais j'avoue ma passion pour le bizarre. C'est chose si rare et si charmante que l'originalité!

Et la jeune femme, précédant sa tante et M. de Riancourt, descendit légèrement l'escalier d'un des plus confortables hôtels garnis de la rue de Rivoli, car la belle étrangère n'avait pas encore de maison à Paris et cherchait un hôtel à acquérir.

Le duc conduisait ce soir-là les deux femmes dans sa voiture; familiarité concevable, les bans de son mariage avec madame Zomaloff étant depuis longtemps publiés.

Après quelques instants d'attente sous le péristyle de l'hôtel, la comtesse et sa tante virent s'avancer péniblement sous la voûte un énorme landau jaune, traîné par deux maigres chevaux fouaillés à tour de bras par un cocher à trogne rouge et à petit carrick bleu.

Le valet de pied de M. de Riancourt ouvrit la portière de cette lourde machine.

La jeune veuve, regardant le duc avec surprise, lui dit :

— Mais... ce n'est pas là votre voiture?

— Je vous demande pardon, madame.

— Et qu'est donc devenue cette berline bleue attelée d'assez jolis chevaux gris que vous aviez mise à nos ordres hier matin?

— Je puis vous avouer ce petit détail de *ménage*, au point où nous en sommes, ma chère comtesse, répondit le duc avec un touchant abandon. Afin de ne pas fatiguer mes chevaux gris, qui m'ont coûté, ma foi! fort cher, je loue une voiture de remise pour la soirée. Il y a encore économie à ce marché, car ainsi on ne risque pas la nuit un attelage de prix.

— Et vous avez parfaitement raison, mon cher duc, se hâta de dire la princesse, qui, à la physionomie de sa nièce, redoutait un nouveau sarcasme; aussi se hâta-t-elle de monter dans le fabuleux landau en s'appuyant sur le bras de M. de Riancourt. Celui-ci offrait sa main à la jeune veuve pour l'aider à monter à son tour, lorsque, s'arrêtant un instant, le bout son petit soulier de satin blanc posé sur la dernière feuille du marchepied, la moqueuse dit à la princesse le plus sérieusement du monde et d'un air d'appréhension :

— Ma tante, je vous en supplie, regardez donc bien partout dans cette voiture.

— Pourquoi donc cela, ma chère? demanda naïvement la princesse. A quoi bon cette précaution?

— C'est que j'ai peur qu'il soit resté dans un coin obscur de cette espèce de coche quelque maigre miss rousse ou quelque gros marchand de la Cité, car il est particulièrement dans ces sortes d'équipages que ces dignes insulaires se promènent tout le jour en famille; j'aurais donc une peur horrible de trouver là dedans quelqu'un oublié par mégarde.

Et la jeune veuve, se remettant à rire comme une folle, monta dans le landau, pendant que la princesse lui disait à mi-voix d'un air peiné :

— En vérité, Fœdora, je ne vous comprends pas. Vous êtes d'une incroyable causticité envers M. de Riancourt... A quoi pensez-vous donc?

— A le corriger de ses maladresses, de ses impertinentes lésineries. Puis-je mieux lui témoigner mon intérêt?

A ce moment, le duc monta et prit sa place sur le devant de la voiture. Il paraissait endurer très-chrétiennement les railleries de cette jeune femme qui avait de si beaux diamants et possédait toutes sortes de mines d'or et d'argent. Seulement de temps à autre, au regard oblique qu'il jetait sur elle à la dérobée, à une certaine contraction de ses lèvres pincées, on devinait la sournoise et patiente rancune du dévot. Son valet de pied lui ayant demandé ses ordres, M. de Riancourt lui dit :

— A l'hôtel Saint-Ramon !

— Pardon, monsieur le duc, répondit le valet de pied ; mais je ne sais pas où est l'hôtel Saint-Ramon.

— Au bout du Cours-la-Reine, reprit M. de Riancourt, du côté du quartier Jean-Goujon.

— Monsieur le duc veut peut-être parler de ce grand hôtel où l'on travaille depuis plusieurs années ?

— C'est cela même, allez.

Le valet de pied referma la portière, donna ses instructions au cocher, qui fouetta de nouveau ses maigres haridelles, et le landau se dirigea vers le Cours-la-Reine, chemin du merveilleux hôtel SAINT-RAMON.

XVII

Le pesant landau de M. de Riancourt s'avançait si lentement, que, lorsqu'il arriva au commencement du *Cours-la-Reine*, un piéton, qui suivait le même chemin que la voiture, put marcher parallèlement à elle.

Ce piéton, pauvrement vêtu, ne semblait pourtant pas fort ingambe : il s'appuyait péniblement sur une canne; sa longue barbe était blanche comme ses cheveux et ses sourcils épais, tandis que la couleur fortement bistrée de sa figure ridée, creusée par l'âge, lui donnait l'apparence d'un vieux mulâtre. Il marcha donc parallèlement au landau de M. de Riancourt jusque vers le milieu du *Cours-la-Reine*; là, le landau fut obligé de prendre, comme on dit, *la file* des voitures qui se dirigeaient vers l'hôtel SAINT-RAMON.

Le vieux mulâtre, devançant alors la voiture de M. de Riancourt, continua son chemin jusqu'à l'entrée d'une avenue étincelante de verres de couleur,

Il s'appuyait péniblement sur une canne. — PAGE 32.

et qu'une longue suite de voitures encombrait dans toute sa longueur.

Quoique le vieux mulâtre parût profondément absorbé, il ne put s'empêcher de remarquer, auprès de la grille qui servait d'entrée à cette allée éblouissante de lumière, un assez grand rassemblement. Alors il s'arrêta, et, s'adressant à l'un des curieux :

— Monsieur, pourriez-vous me dire ce que l'on regarde là ?

— On regarde les voitures qui se rendent à l'ouverture du fameux hôtel Saint-Ramon, répondit le curieux.

— Saint-Ramon ! reprit le vieillard d'un air surpris et comme se parlant à lui-même. Cela est étrange !

Et il ajouta :

— Qu'est-ce que c'est que l'hôtel Saint-Ramon, monsieur ?

Imprimé par H. Didot, Mesnil (Eure), sur les clichés des Éditeurs.

— Ma foi ! on dit que c'est au moins la huitième merveille du monde. Voilà près de cinq ans qu'on y travaille ; on dit que c'est aujourd'hui que l'on y pend la crémaillère.

— Et... à qui appartient cet hôtel, monsieur ?

— A un jeune homme riche à millions, qui, dit-on, a fait là dedans des folies.

— Et quel est le nom de ce millionnaire ?

— Je crois que c'est Saint-Harem ou Saint-Herem...

— Plus de doute, murmura le vieillard. Mais alors pourquoi donner à cet hôtel le nom de Saint-Ramon ?

Et il parut de nouveau s'absorber dans de tristes pensées. Il en fut distrait par le curieux auquel il s'était d'abord adressé, et qui lui dit :

— Voilà, par exemple quelque chose de bien singulier.

— Quoi donc, monsieur, reprit le vieux mulâtre avec distraction. Qu'est-ce qui vous paraît singulier ?

— Un marquis millionnaire, ça ne devrait connaître que des gens à équipage, et voyez : à part trois ou quatre voitures bourgeoises, la file n'est composée que de fiacres et de cabriolets *milords*...

— En effet, c'est fort singulier, répondit le vieillard ; et, après un silence d'un instant, il reprit : Auriez-vous la bonté de me dire quelle heure il est, monsieur ?

— Dix heures et demie viennent de sonner.

— Merci, monsieur, répondit le vieux mulâtre en se rapprochant de la grille. Dix heures et demie, se dit-il ; je ne dois être à Chaillot qu'à minuit. J'ai le temps de tâcher de découvrir ce mystère. Combien cette rencontre est étrange, mon Dieu !

Et après une légère hésitation, le vieillard passa le seuil de la grille, et se glissa dans l'obscurité d'une contre-allée d'ormes séculaires qui longeait l'avenue principale, s'achemina vers l'hôtel, et, malgré sa préoccupation, il ne put s'empêcher de remarquer l'immense quantité de fleurs qui s'étageaient en gradins de chaque côté de l'allée du milieu, et dont les mille nuances étaient vivement éclairées par une incroyable profusion d'ifs, de girandoles et de vases simulés en verres de couleur.

Cette avenue d'un aspect féerique aboutissait à un vaste hémicycle pareillement illuminé, au delà duquel s'élevait l'hôtel Saint-Ramon, véritable palais, qui, par la richesse et la fois grandiose et charmante de son architecture, rappelait le plus beau temps de la Renaissance.

Le vieillard traversa l'hémicycle, et arriva au pied d'un immense perron conduisant au péristyle. A travers les portes de glace qui fermaient cette espèce d'antichambre dans sa longueur, il aperçut une haie de grands valets de pied poudrés, vêtus de magnifiques livrées. De minute en minute, les fiacres s'arrêtaient au bas du péristyle, et y déposaient des hommes, des femmes, des jeunes filles, dont la mise, extrêmement simple, semblait en complet désaccord avec les splendeurs de ce palais magique.

Le vieux mulâtre, poussé par une invincible curiosité, suivit plusieurs de ces nouveaux venus, et, ainsi confondu parmi les invités, il arriva comme eux jusque sous le péristyle. Là deux grands suisses, portant la hallebarde et le baudrier aux couleurs des livrées, ouvraient à tous les survenants les deux ventaux d'une immense porte en glace, et à chacune de ces entrées ces suisses faisaient résonner les dalles de marbre sous les coups répétés de la crosse de leur hallebarde. Toujours confondu avec le groupe d'invités, le vieillard traversa une double haie de valets de pied, à livrée bleu clair galonnée d'argent sur toutes les coutures, droits, impassibles comme des soldats en bataille, et arriva dans le salon d'attente. Là se tenaient les valets de chambre et les maîtres d'hôtel; habit bleu clair à la française liséré de blanc, culotte de soie noire et bas de soie blancs, telle était la tenue de ces gens d'office; et tous, ainsi que les gens de livrée, témoignaient de leur déférence respectueuse pour les invités, dout la mise modeste semblait au vieillard si discordante avec le luxe princier de la demeure où ils étaient reçus. De ce salon il passa dans une galerie de musique destinée aux concerts; elle aboutissait à un immense salon circulaire à vaste coupole, formant pour ainsi dire le rond-point de trois autres galeries, dont l'une servait de salle de bal, l'autre de salle de souper, et la dernière de salle de jeu; ces quatre galeries (en y comprenant la salle de concert) communiquaient entre elles par de larges allées, pavées de riches mosaïques, plantées d'arbres exotiques, et recouvertes d'un dôme vitré comme un jardin d'hiver.

Il faut renoncer à décrire la splendeur, l'élégance, la noblesse grandiose et le somptueux ameublement de ces vastes pièces, étincelantes de peintures et de dorures, éblouissantes de lumières, de cristaux et de fleurs, répétées à l'infini par des glaces énormes; nous insisterons seulement sur une magnificence rare de nos jours, et qui donnait à cette demeure un caractère monumental, royal. Le salon et les quatre galeries étaient, selon la destination de chaque pièce, ornés de peintures et de sculptures allégoriques qui eussent fait le renom des plus beaux palais connus. Les plus illustres artistes de ce temps-ci avaient concouru à cette œuvre superbe; le pinceau magistral d'Ingres, de Delacroix, de Scheffer, de Paul Delaroche, illustraient cet hôtel, et des noms moins célèbres alors, mais qui appartenaient à l'avenir, tels que Couture, Gérôme, etc., etc., avaient été devinés dans leur gloire future par l'opulent et intelligent créateur de ce palais. Mentionnons seulement, en parlant d'objets d'art, un buffet dressé dans la galerie destinée au souper. Sur ce buffet l'on voyait une merveilleuse argenterie dont les grandes pièces eussent été dignes du siècle de Benvenuto; candélabres, aiguières, bassins à glace, coupes à fruits, corbeilles à fleurs, surtouts, girandoles, tout était admirable et aurait fait l'ornement d'un musée par la rare pureté de la forme et par le fini précieux des moindres ciselures.

Un mot encore à propos d'une assez bizarre particularité du grand salon circulaire.

Au-dessus d'une gigantesque cheminée de marbre blanc, véritable monument dû au mâle génie de David (d'Angers), notre Michel-Ange, des figures allégoriques en ronde-bosse, représentant les arts et l'industrie, soutenaient un large cadre ovale et doré incrusté dans l'entablement de la cheminée. Ce cadre contenait une peinture que l'on aurait pu attribuer à Velasquez. C'était le portrait d'un homme pâle, à la figure rude et austère, aux joues creuses, aux orbites profonds, au front dégarni; une sorte de robe brune, tenant le milieu entre la robe de chambre et la robe de moine, donnait à cette figure l'imposant caractère de ces portraits de saints ou de martyrs si nombreux dans l'école espagnole; apparence complétée d'ailleurs par une auréole d'or qui, étincelant sur le fond sombre de la toile, semblait jeter ses reflets sur cette figure austère et pensive. Enfin on lisait ces mots tracés en lettres gothiques dans un cartouche formé par les rinceaux de la bordure :

SAINT RAMON.

Le vieux mulâtre, ayant suivi le flot de la foule, arriva en face de cette cheminée.

A la vue du portrait, il resta frappé de stupeur; son émotion fut si vive, qu'une larme brilla dans ses yeux, et il ne put s'empêcher de murmurer tout bas :

— Pauvre ami! c'est lui, c'est bien lui ! Puis il se dit : Mais pourquoi ce mot *saint* ajouté à son nom ? Pourquoi cette auréole d'or autour de son front ? Pourquoi cette apparence mystique ? Et puis enfin, quelle fête étrange ! Vêtu pauvrement comme je le suis, inconnu du maître de la maison, l'on m'a laissé entrer ici.

A ce moment, un maître d'hôtel, porteur d'un plateau de vermeil chargé de glaces et de fruits confits, s'arrêta devant le vieillard, et lui offrit respectueusement des rafraîchissements qu'il refusa; il cherchait, mais en vain, à deviner quelle pouvait être la condition des invités qui l'entouraient; les hommes, presque tous modestement mais proprement vêtus, ceux-ci d'habits, ceux-là de redingotes, d'au-

Saint-Herem alla rejoindre une charmante jeune fille qu'il avait engagée, et le bal continua. — Page 36.

tres de blouses neuves, avaient un maintien discret, réservé, parlaient bas entre eux, semblaient ravis d'assister à cette fête: et cependant, loin de paraître émerveillés des richesses accumulées dans ce palais, on eût dit qu'ils se trouvaient là fort à l'aise, et, comme on dit vulgairement, *en pays de connaissance.*

Les femmes et les jeunes filles, dont un grand nombre étaient fort jolies, avaient l'air plus dépaysées; timides et pleines de modestie, elles admiraient ingénument ces splendeurs, échangeant à voix basse leurs observations; les jeunes filles, toutes coiffées en cheveux, portaient généralement des robes blanches d'une étoffe peu coûteuse, mais éblouissante de fraîcheur.

Le vieillard, de plus en plus désireux de pénétrer ce mystère singulier, s'approcha d'un groupe de plusieurs personnes, hommes et femmes, qui, arrêtés devant la grande cheminée de marbre, s'entretenaient à demi-voix, en contemplant le portrait de saint Ramon.

Telle était une des conversations que le vieux mulâtre écoutait avec un intérêt croissant :

— Vois-tu ce portrait-là, ma petite Juliette? disait à sa jeune femme un homme de robuste stature et d'une figure avenante et ouverte. Ce digne homme a fièrement raison de s'appeler saint Ramon, va ! Il y a au paradis des saints qui auprès de lui ne sont que des flâneurs, si l'on en juge par le bien qu'il a fait.

— Comment donc cela, Michel?

— Dame! grâce à ce brave saint-là, pendant près de cinq ans, moi, comme les autres camarades qui sont là, j'ai eu de l'ouvrage ici, ouvrage crânement payé, je m'en vante, parce que c'était du soigné, et que le bourgeois d'ici voulait que tout le monde fût content. Ce bonheur-là, ma petite Juliette, moi et les miens nous l'avons dû à ce brave homme dont voilà le portrait, à M. *Saint Ramon* enfin ! Grâce à lui, pendant tout ce temps-là, je n'ai pas eu un moment de chômage, et mon salaire a été assez fort pour que nous ayons pu bien vivre, nous et nos enfants, et mettre quelque chose à la caisse d'épargne.

— Mais, Michel, ce n'est pourtant pas ce digne monsieur, dont voilà le portrait, qui a commandé et si bien payé les travaux. C'est ce M. de Saint-Herem, qui a l'air si gai, si bon, si peu fier, et qui, en entrant tout à l'heure, nous a dit des choses bien avenantes.

— Sans doute, ma petite Juliette, c'est M. de Saint-Herem qui a commandé les travaux; mais, comme il nous le disait toujours en venant nous voir à la besogne : « Mes enfants, sans les richesses que j'ai héritées, je ne pourrais vous donner des travaux et vous payer largement comme à de braves et intelligents ouvriers ! Gardez donc toute votre reconnaissance pour la mémoire de celui-là seul qui m'a laissé tant d'argent; il a fait, lui, la chose la plus rude, il a thésaurisé sou sur sou en se privant de tout, tandis que moi, mes enfants, je n'ai que le plaisir de dépenser grandement ces trésors. Dépenser, c'est mon devoir. A quoi bon la richesse, sinon pour la prodiguer ! Gardez donc le souvenir d'un bon vieux avare; bénissez son avarice; elle nous donne, à moi la jouissance de vous faire travailler à de belles et grandes choses, à vous de larges salaires bravement gagnés ! »

— C'est égal, vois-tu, Michel, s'il faut rendre grâce à ce digne avare, il ne faut pas oublier non plus M. de Saint-Herem; car ces riches ne dépensent rien, ou, s'ils nous occupent, combien ils lésinent sur le prix de notre travail, qu'ils nous font encore souvent attendre longtemps !

— Pardieu ! je suis de ton avis, ma petite Juliette; vaut mieux avoir deux personnes à aimer qu'une seule, et la part de cœur que nous ferons à ce bon saint Ramon ne rognera pas celle de M. de Saint-Herem. Brave jeune homme! On peut dire que c'est une fameuse paire d'hommes que lui et son oncle !

Le vieux mulâtre avait écouté cet entretien avec autant d'intérêt que d'étonnement; il prêta l'oreille à d'autres conversations. Dans tous les groupes, il entendit un concert de louanges et de bénédictions en faveur de saint Ramon, le digne avare; partout aussi l'on vantait le noble cœur, la libéralité de M. de Saint-Herem.

— Est-ce un rêve? se disait le vieillard. Qui pourrait jamais croire que ces éloges, ces respects, s'adressent à la mémoire d'un avare, mémoire ordinairement honnie, vilipendée, exécrée ! Et c'est un dissipateur, un prodigue, l'héritier de cet avare, qui le réhabilite ainsi ! Encore une fois, est-ce un rêve ? Puis, par quelle autre bizarrerie ces artisans sont-ils conviés à cette fête d'inauguration?

Les étonnements du vieillard, loin de cesser, augmentèrent encore en remarquant un contraste assez singulier : parfois, quelques hommes, portant plusieurs décorations à leurs boutonnières et mis avec recherche, traversaient les salons, donnant le bras à des femmes remarquables par leur grande élégance; mais cette classe d'invités était très-peu nombreuse.

Florestan de Saint-Herem, plus beau, plus gai, plus brillant que jamais, semblait s'épanouir au milieu de cette atmosphère de luxe et de splendeur; il faisait à merveille les honneurs de cette fête, accueillant ses invités avec une bonne grâce, une courtoisie parfaites. En maître

de maison qui sait vivre, il s'était placé à l'extrémité de la galerie à laquelle aboutissait le salon d'attente, et il n'entrait pas une femme ou une jeune fille à laquelle il n'adressât quelques paroles empreintes de cette affabilité gracieuse et cordiale qui, par sa sincérité, charme et met à l'aise les plus timides.

Florestan de Saint-Herem accomplissait ainsi les devoirs de la plus aimable hospitalité, lorsqu'il vit entrer dans le premier salon la comtesse Zomaloff, la princesse Wileska et le duc de Riancourt.

XVIII

M. de Saint-Herem rencontrait pour la première fois de sa vie la comtesse Zomaloff et sa tante la princesse Wileska, mais il connaissait depuis longtemps M. de Riancourt ; aussi, le voyant entrer dans le salon accompagné de deux femmes, Florestan alla vivement à sa rencontre.

— Mon cher Saint-Herem, lui dit M. de Riancourt, permettez-moi de vous présenter à madame la princesse Wileska et à madame la comtesse Zomaloff... Ces dames n'ont pas cru être indiscrètes en venant avec moi visiter votre hôtel et ses merveilles, selon l'invitation que vous m'avez faite hier.

— Mon cher duc, reprit Florestan, je suis très-heureux d'avoir l'honneur de recevoir ces dames, et je m'empresse de me mettre à leurs ordres pour leur montrer ce que vous voulez bien appeler les merveilles de cette maison.

— M. de Riancourt a raison de parler de merveilles, reprit madame Zomaloff, car, je vous l'avoue, monsieur, on est, en entrant ici, tellement ébloui, que l'on ne peut tout d'abord admirer en conscience.

— S'il faut tout vous dire, mon cher Saint-Herem, reprit M. de Riancourt, la visite de madame la comtesse Zomaloff est un peu intéressée; car je lui ai fait part de vos intentions au sujet de cet hôtel, et comme je serai assez heureux pour avoir l'honneur de donner dans huit jours mon nom à madame la comtesse, vous sentez que je ne pouvais rien décider sans elle... puisque enfin je suis à peu près... un mari.

— Franchement, madame, dès que M. de Riancourt anticipe ainsi sur son bonheur, dit gaiement Florestan à madame Zomaloff, ne trouvez-vous pas juste qu'il subisse toutes les conséquences de sa révélation? Or, comme un mari ne donne jamais le bras à sa femme, vous me ferez peut-être la grâce d'accepter le mien?

Saint-Herem s'épargnait pour cette plaisanterie l'obligation d'offrir, selon les convenances, son bras à la princesse Wileska, qui lui semblait beaucoup moins agréable à accompagner que sa jeune et jolie nièce. Celle-ci accepta l'offre de Florestan et prit son bras, tandis que M. de Riancourt conduisait la princesse.

— J'ai beaucoup voyagé, disait madame Zomaloff à Saint-Herem, et je n'ai jamais rien vu qui pût approcher... non pas de cette magnificence (le premier millionnaire venu peut acheter de la magnificence pour son argent), mais rien qui pût approcher du goût merveilleux qui a présidé à la construction de cet hôtel. C'est réellement un musée splendide. Permettez-moi, de grâce, d'admirer encore les superbes peintures de ce plafond.

— Après l'admiration de l'œuvre doit venir la récompense de l'auteur, n'est-il pas vrai, madame? dit Florestan en souriant. Aussi dépend-il de vous de vous rendre très-heureux et très-fier le grand artiste qui a peint ce plafond.

Et Saint-Herem désigna à madame Zomaloff un des plus illustres maîtres de l'école moderne.

— Ah! mille fois merci, monsieur, de me procurer une pareille bonne fortune ! dit la jeune femme en s'avançant avec Florestan au devant de l'artiste.

— Mon ami, lui dit Saint-Herem, madame la comtesse Zomaloff désire vous dire toute son admiration pour votre œuvre.

— Et ce n'est pas seulement mon admiration que je vous exprime, monsieur, mais encore ma reconnaissance, dit gracieusement la jeune femme au grand peintre. Le noble plaisir que cause la vue d'un tel chef-d'œuvre est une dette que l'on contracte envers celui qui l'a créé.

— Si flatteur, si précieux que me soit cet éloge, répondit l'éminent artiste avec une modestie remplie de bon goût, afin de détourner le compliment qu'on lui adressait cet éloge, je ne puis l'accepter qu'à demi... Mais souffrez que je me mette hors de cause, l'expression de ma pensée sera plus libre. Parlons, par exemple, des peintures de la galerie des concerts, que vous admirerez tout à l'heure. Elles sont

dues à notre Raphaël. Ai-je besoin, madame, de vous nommer M. Ingres? Eh bien ! cette œuvre monumentale, qui doit dans l'avenir four-
nir aux pieux pèlerins de l'art autant de sujets d'adoration que les
plus belles fresques de Rome, de Pise ou de Florence, ce chef-d'œuvre, en un mot, n'existerait peut-être pas sans mon excellent ami
Saint-Herem. N'est-ce pas lui qui a donné au Raphaël français le prétexte d'une de ses pages immortelles? Franchement, madame, par ce
temps de gros luxe et de brutale magnificence financière, n'est-ce donc
pas un phénomène de rencontrer un *Médicis*, comme au plus beau
temps des républiques italiennes?

— Il est vrai, monsieur, reprit vivement la comtesse Zomaloff, et
l'histoire a été juste en l'illustrant...

— Pardonnez-moi si je vous interromps, madame la comtesse, dit
Saint-Herem en souriant; mais je suis non moins modeste que mon
illustre ami : aussi, de crainte de laisser s'égarer votre admiration,
je dois vous signaler le véritable Médicis, le voici.

Et Florestan indiqua du geste à madame Zomaloff le portrait de
saint Ramon.

— Quelle figure austère et pensive ! dit la jeune femme en examinant cette peinture avec autant de surprise que de curiosité. Puis,
ayant vu au milieu du cartouche le nom de saint Ramon, elle ajouta
en regardant Florestan avec un étonnement croissant :

— Saint Ramon?... Quel est ce saint?

— Un saint de ma façon, madame. C'est mon oncle, reprit gaiement
Florestan. Quoique je ne sois pas encore pape, je me suis permis de
canoniser un peu cet admirable homme en récompense du long martyre de sa vie et des miracles qu'il a faits après sa mort.

— Le long martyre de sa vie?... les miracles qu'il a faits après sa
mort?... répéta madame Zomaloff en regardant Florestan comme si
elle eût douté de ses paroles. Franchement, monsieur, c'est une plaisanterie...

— Pas du tout, madame... Mon oncle Ramon a enduré pendant sa
longue vie des privations atroces, car il était d'une impitoyable et
sublime avarice. Voilà pour son martyre. J'ai hérité de lui de biens
considérables; ils m'ont enfanté ces prodiges de l'art que vous admirez,
madame. Voilà pour ses miracles. J'ai divinisé son souvenir par reconnaissance. Voilà pour sa canonisation. Vous le voyez, c'est une
véritable légende de la *Vie des saints*.

Madame Zomaloff, de plus en plus frappée de l'originalité de Saint-
Herem, garda un moment de silence pendant lequel M. de Riancourt,
qui s'était jusqu'alors tenu à quelque distance, s'approcha de Florestan
et lui dit :

— Mon cher Florestan, j'ai, depuis notre arrivée, une question à
vous adresser. Qu'est-ce donc que tous ces gens qui sont ici ? J'ai
bien reconnu, par-ci par-là, trois ou quatre grands peintres et un
architecte renommé, donnant le bras à leurs femmes sans doute ;
mais les autres, qu'est-ce que c'est donc que ça ? Moi et la princesse
nous cherchons en vain le mot de l'énigme. Tout ce monde-là me
paraît d'ailleurs tranquille et réservé. Ces petites jeunes personnes
ont l'air modeste ; il y en a même de fort gentilles ; mais, encore une
fois, qu'est-ce donc que cette société-là?

Madame Zomaloff, rompant le silence qu'elle gardait depuis quelques
instants, dit à Saint-Herem :

— Puisque M. de Riancourt a pris sur lui de vous adresser, monsieur, une question peut-être indiscrète, je vous avouerai que je
partage sa curiosité.

— Vous avez sans doute remarqué, madame, dit Saint-Herem en
souriant, que la plupart des personnes que j'ai réunies ce soir chez
moi, avec un plaisir extrême, n'appartiennent pas à ce que notre
petit monde aristocratique appelle le *grand* monde.

— Il est vrai, monsieur.

— Cependant, madame, tout à l'heure vous avez été heureuse,
n'est-ce pas, de rencontrer ici le grand artiste auteur de la coupole
que vous avez tant admirée?

— En effet, monsieur, je vous ai dit le plaisir que me causait cette
rencontre.

— Vous m'approuvez aussi, je pense, de l'avoir invité, ainsi que
plusieurs de ses collègues, à l'inauguration de leur œuvre commune?

— Il me semble que cette invitation devenait presque un devoir
pour vous, monsieur.

— Eh bien, madame, ce devoir inspiré par la gratitude, j'ai voulu
le remplir envers tous ceux qui ont concouru, de quelque manière
que ce soit, à la construction de cet hôtel, depuis les grands artistes
jusqu'aux plus humbles artisans. Tous sont ici avec leur famille,
jouissant à bon droit des magnificences qu'ils ont créées. Voyons,
madame, n'est-il pas juste que l'habile et obscur ouvrier qui a ciselé
la coupe d'or puisse au moins une fois y tremper ses lèvres?

— Comment! s'écria M. de Riancourt stupéfait, il y aurait ici des
menuisiers, des doreurs, des serruriers, des tapissiers, des charpen-
tiers, des ébénistes, des maçons!... Quoi! il y aurait jusqu'à des maçons ! Mais c'est inouï, exorbitant, incroyable !

— Mon cher duc, connaissez-vous les mœurs des abeilles?

— Fort peu.

— Ces mœurs-là, mon cher duc, sont des plus sauvages, des plus
impertinentes ; ces insolentes mouches (sous ce fabuleux prétexte
qu'elles ont construit leurs alvéoles) n'ont-elles pas la prétention de
les habiter? Bien plus, scandale énorme ! elles parlent de leur droit au
miel parfumé qu'elles ont élaboré pour l'hiver avec tant de peine et
d'intelligence.

— Eh bien, mon cher, que concluez-vous de là?

— Je conclus de là qu'il faut, au moins par reconnaissance, donner aux pauvres et laborieuses abeilles humaines l'innocent plaisir
d'habiter un jour l'alvéole dorée qu'elles ont bâtie pour nous, frelons
oisifs, pour nous qui savourons le miel recueilli par autrui.

Madame Zomaloff avait un instant quitté le bras de Florestan. Elle
le reprit, et, faisant quelques pas afin de laisser derrière elle sa tante
et M. de Riancourt, elle dit à Saint-Herem avec émotion :

— Monsieur, votre idée est charmante, plus que cela, elle est d'une
touchante délicatesse. Je ne m'étonne plus maintenant de l'expression
de contentement que je remarquais sur les traits de tous vos invités.
Oui, plus j'y songe, plus cette pensée me paraît généreuse et juste.
Après tout, ainsi que vous le dites, c'est l'œuvre commune de ces
laborieux artisans, et c'est honorer, dignifier le travail, que de lui
donner une pareille fête. Aussi, monsieur, d'après votre manière
élevée d'envisager les choses, cet hôtel doit être à vos yeux bien plus
encore qu'une jouissance d'art et de luxe ; à sa création se rattache-
ront toujours pour vous de précieux souvenirs.

— Certes, madame.

— Alors... monsieur...

— Achevez, madame.

— Il m'est impossible de comprendre comment...

— Vous hésitez, madame ; de grâce, expliquez votre pensée.

— Monsieur, reprit madame Zomaloff avec embarras et après un
moment de silence, M. de Riancourt ne vous a point laissé ignorer
notre prochain mariage. Il y a deux jours, causant avec lui j'assez
grande difficulté de trouver un hôtel aussi vaste et aussi somptueux
que je le désirais, M. de Riancourt crut se donner la peine, la veille, on
lui avait assuré que vous consentiriez, peut-être, à vous défaire de
cette habitation achevée d'hier.

— En effet, madame, M. de Riancourt m'a écrit pour me demander à visiter l'hôtel ; je l'ai prié d'attendre jusqu'à aujourd'hui, lui disant que je donnais une fête, et qu'il pourrait ainsi beaucoup mieux
juger de l'ensemble des appartements de réception... Mais je ne
m'attendais pas, madame, à avoir l'honneur de vous recevoir.

— Monsieur, reprit la jeune femme avec une nouvelle hésitation,
je me suis déjà permis de vous adresser plusieurs questions. Soyez
donc indulgent encore une fois.

— L'indulgence m'a été jusqu'ici, madame, si agréable et si douce,
que je vous remercie de me donner l'occasion de l'exercer encore.
Voyons, de quoi s'agit-il?

— Eh bien, monsieur, reprit résolûment madame Zomaloff, comment avez-vous le courage... ou... je vais dire un mot bien dur,
ajouta-t-elle en souriant d'un air presque mélancolique, comment
avez-vous l'ingratitude d'abandonner cette demeure que vous avez
créée avec tant d'amour, cette demeure à laquelle se rattachent déjà
pour vous tant de bons et généreux souvenirs?

— Mon Dieu ! madame, répondit Saint-Herem de l'air le plus riant,
le plus dégagé, comme s'il disait la chose la plus simple du monde, je
vends cet hôtel parce que je suis ruiné, complètement ruiné. C'est
aujourd'hui mon dernier jour de fortune, et vous m'avouerez, madame, que, grâce à votre présence ici, ce jour ne pouvait avoir un
soir plus brillant et plus heureux.

XIX

Florestan de Saint-Herem avait prononcé ces mots : *Je suis ruiné !*
avec tant de bonhomie et d'insouciance, que madame Zomaloff le
regarda d'un air stupéfait ; elle ne pouvait croire à ce qu'elle entendait. Aussi, reprit-elle :

— Comment ! monsieur, vous êtes...

— Ruiné ! madame, complètement ruiné ! Mon Dieu ! mon compte
est fort simple : il y a cinq ans, mon saint homme d'oncle m'a laissé
cinq millions environ : je les ai dépensés ; plus, à peu près dix-huit

cent mille francs, que je dois; ils seront payés et au delà par la vente de cet hôtel, de son mobilier, argenterie, etc., et il me restera une centaine de mille francs, avec lesquels j'irai vivre dans quelque riante retraite de roi; je me ferai berger; contraste charmant, surtout en me rappelant mon existence passée. Quels rêves merveilleux, impossibles, changés en réalités pour moi, pour mes amis, pour mes maîtresses, que mon tourbillon doré emportait à ma suite! quelle renommée que la mienne! comme tout ce qui était beau, élégant, somptueux, recherché, venait se fondre dans mon orbite éblouissant! Croiriez-vous, madame, que ma réputation de libéralité était devenue européenne? Que dis-je! un lapidaire de Chandernagor ne m'a-t-il pas envoyé un sabre indien dont la poignée ruisselait de pierreries? A cette arme était joint ce joli billet d'un laconisme héroïque : « Le cimeterre a appartenu à Tippo-Saëb; il doit appartenir à M. Saint-Herem. Cette arme vaut vingt-cinq mille francs, payables à la maison Rothschild, à Paris. Reçu vingt-cinq mille francs. » Oui, madame, c'était ainsi : les objets d'art les plus rares, les plus précieux, m'étaient naïvement adressés de tous les coins du monde; les plus beaux chevaux d'Angleterre venaient d'eux-mêmes se placer dans mes écuries; les vins les plus exquis du globe affluaient à ma cave, les plus illustres cuisiniers se disputaient la gloire de me servir, et le célèbre docteur Gasterini... le connaissez-vous, madame?

— Qui n'a pas entendu parler du plus fameux gourmand du monde connu!

— Eh bien, madame, ce grand homme a dit et proclamé qu'il avait aussi bien dîné chez moi que chez lui... et il n'accordait pas même cette louange à la table de M. de Talleyrand. Ah! madame, la belle vie, si complète, si grande! et les femmes! ah! les femmes!

— Monsieur...

— Ne craignez rien, madame, je ne vous parlerai des femmes que comme d'objets d'art. Mais, franchement, est-il de plus charmants prétextes à la magnificence? C'est si joli à parer, à orner, à entourer de tous les produits des arts! Le luxe n'est que l'accessoire de la femme. Aussi, madame, croyez-moi, j'ai la conscience de m'être généreusement, noblement, intelligemment ruiné. Je n'ai à me reprocher ni une sotte dépense ni une méchante action! C'est l'esprit rempli de souvenirs délicieux, le cœur plein de sérénité, que je vois s'envoler ma fortune.

L'accent de Saint-Herem était si sincère, la vérité de ses sentiments et de ses paroles se lisait en caractères si visibles sur sa loyale et charmante figure, que madame Zomaloff, convaincue de la réalité de ce qu'il disait, reprit :

— En vérité, monsieur, une pareille philosophie me confond! A l'heure de renoncer à une vie pareille, pas un mot d'amertume de votre part!

— De l'amertume, moi! après tant de joies, tant de bonheurs savourés! Ah! madame, ce serait blasphémer.

— Ainsi vous abandonnerez sans un regret, sans un soupir, ce palais enchanté, et cela, au moment même où vous alliez en jouir?

— Que voulez-vous, madame, je ne me croyais pas si avancé dans ma ruine; il n'y a guère que huit jours que mon fripon d'intendant m'a montré mes comptes, et, vous le voyez, madame, je m'exécute franchement. Et d'ailleurs, en quittant ce palais créé avec tant d'amour, je suis comme le poëte qui a écrit le dernier vers de son poëme, comme le peintre qui a donné la dernière touche à son tableau, après quoi il leur reste l'impérissable gloire d'avoir créé un chef-d'œuvre. Il en est ainsi de moi, madame (excusez ma vanité d'artiste): ce palais restera comme un monument d'art et de magnificence, il sera toujours le temple du luxe, des fêtes, des plaisirs, et, que dis-je, madame? voyez combien je suis prédestiné, combien je serais ingrat de me plaindre du sort! C'est vous, madame, vous qui allez être la divinité de ce temple, car, n'est-ce pas, vous achèterez cette maison? elle vous ira si bien!... ne laissez pas échapper cette occasion, car j'ignore si M. de Riancourt vous a dit cela, mais il sait que lord Wilmot me fait des offres très-pressantes. Il sera désolé d'être forcé de traiter avec lui : il est si laid, et sa femme aussi, et ses cinq filles aussi !... Jugez un peu quelles divinités pour ce temple splendide, qui semble vraiment bâti pour vous! Voyons, madame, gardez-le, pour l'amour de l'art, que vous appréciez si bien. Seulement, grâce pour mon digne oncle! c'est une grande peinture magnifique, et quoique le portrait et le nom de saint Ramon se trouvent répétés plusieurs fois en médaillons sculptés dans divers endroits de la façade de l'hôtel, je serais ravi de penser que, du haut de son monument de marbre situé au centre des salons de l'hôtel, ce brave oncle assistera pendant des siècles aux plaisirs dont il s'est privé durant sa vie!

L'entretien de la comtesse et de Saint-Herem fut interrompu par M. de Riancourt. On avait, en causant, fait le tour des appartements de réception. Le duc dit à Florestan :

— Mon cher, tout ceci est superbe et entendu à merveille. Mais dix-huit cent mille francs, mobilier et argenterie compris, bien entendu, c'est un prix exorbitant.

— Je suis complétement désintéressé dans la question, cher duc, reprit Florestan en souriant ; ces dix-huit cent mille francs doivent appartenir à mes créanciers : aussi serai-je horriblement tenace pour les conditions; d'ailleurs, je vous l'ai dit, lord Wilmot m'offre cette somme, et me presse d'accepter.

— Soit, mais vous ferez bien en ma faveur, mon cher, ce que vous refuseriez à lord Wilmot. Voyons, Saint-Herem, ne soyez pas inflexible, accordez-moi une diminution, et...

— Monsieur, dit la comtesse Zomaloff à Florestan, en interrompant le duc, M. de Riancourt voudra bien me permettre d'aller sur ses brisées, car je prends cet hôtel aux conditions que vous avez proposées, monsieur; si cela vous convient, je vous donne ma parole et je vous demande la vôtre.

— Vive Dieu! madame, mon étoile ne m'abandonne jamais, dit Florestan en tendant cordialement la main à madame Zomaloff, c'est affaire conclue.

— Mais, madame... dit vivement M. de Riancourt, très-surpris et très contrarié de la facilité de sa future femme, car il avait espéré obtenir de Saint-Herem une réduction de prix; mais, madame, permettez... il s'agit d'un immeuble d'un prix considérable! Il est impossible qu'aux termes où nous en sommes vous vous engagiez ainsi sans mon autorisation. De grâce! attendez que nous soyons mariés, et alors...

— Monsieur de Saint-Herem, vous avez ma parole, dit madame Zomaloff en interrompant le duc; je fais de cette acquisition une affaire personnelle; demain, si vous le permettez, mon intendant ira s'entendre avec le vôtre.

— C'est convenu, madame, dit Saint-Herem; puis il ajouta gaiement, en s'adressant à M. de Riancourt : J'espère que vous ne m'en voudrez pas, mon cher duc; mais, c'est votre faute, il fallait vous montrer vraiment grand seigneur, et ne pas marchander comme un banquier.

A ce moment, l'orchestre, qui avait cessé de se faire entendre pendant un quart d'heure, donna le signal d'une nouvelle contredanse.

— Pardon si je vous quitte, madame la comtesse, dit Saint-Herem à madame Zomaloff, mais j'ai invité pour cette contredanse la charmante fille d'un des meilleurs ouvriers qui aient travaillé à cet hôtel, ou plutôt, madame, à votre hôtel. Je suis heureux d'emporter du moins cette pensée en vous quittant.

Et Saint-Herem, saluant respectueusement madame Zomaloff, alla rejoindre une charmante jeune fille qu'il avait engagée, et le bal continua.

— Ma chère Fœdora, dit la princesse, qui avait remarqué avec une soucieuse impatience le long entretien de sa nièce et de Saint-Herem, il se fait tard, et vous avez promis à madame l'ambassadrice de Sardaigne d'arriver chez elle de bonne heure.

— Permettez-moi de vous le faire observer, madame, dit à son tour M. de Riancourt en s'adressant à sa future, vous avez été un peu trop vite en affaires. Saint-Herem est obligé de vendre cet hôtel pour payer ses dettes, et avec un peu de persévérance, nous aurions pu obtenir un rabais de cinquante mille écus au moins, surtout si vous aviez insisté vous-même : il est de ces choses qu'il est si difficile de refuser à une jolie femme! ajouta M. de Riancourt avec le plus aimable sourire.

— Fœdora, à quoi pensez-vous donc, ma chère? reprit la princesse en touchant légèrement le bras de la jeune femme, qui, accoudée à une console chargée de fleurs, rêvait profondément et n'avait pas entendu un seul mot de ce que sa tante et le duc lui avaient dit. Fœdora, reprit la princesse en attirant enfin l'attention de sa nièce, encore une fois, à quoi pensez-vous donc?

— Je pense à M. de Saint-Herem, dit la jeune femme en sortant comme à regret de sa rêverie. Tout ce qui s'est passé ici est tellement bizarre...

— Entre nous, comtesse, dit M. de Riancourt d'un air sentencieux, je crois que le désespoir de se voir ruiné aura détraqué le cerveau de ce pauvre Saint-Herem. Il faut être timbré pour imaginer une pareille fête. Inaugurer son hôtel par un bal d'artisans, cela sent le socialisme d'une lieue!

— Ce cher duc a raison, c'est d'un ridicule achevé, reprit la princesse. Quelle amusante nouvelle nous allons apporter ce soir à l'ambassade! Ce bal d'ouvriers fera merveille; on en rira fort! Mais, Fœdora, vous ne répondez rien... Qu'avez-vous donc?

— Je ne sais, dit la jeune femme; ce que j'éprouve est fort singulier...

— Vous avez besoin d'air, sans doute, ma chère comtesse, dit M. de Riancourt avec empressement; cela ne m'étonne point : cette agglomération de populaire est étouffante, et quoique les appartements soient très vastes...

— Fœdora, dit la princesse avec une inquiétude croissante, est-ce que vous vous sentez indisposée?

— Non, certes, l'émotion que j'éprouve est au contraire remplie de douceur et de charme; aussi je ne sais en vérité, mon cher duc, comment exprimer..

— Comtesse, expliquez-vous, de grâce, dit M. de Riancourt; peut-être la forte odeur de ces fleurs vous cause-t-elle un de ces malaises qui ont une sorte d'agrément?

— Non, ce n'est pas cela. J'hésite à tout vous dire; vous et ma tante, vous allez me trouver si étrange, si extravagante...

— Ah! comtesse, dit galamment M. de Riancourt, extravagante, vous!

— Fœdora, dit la princesse, expliquez-vous donc.

— Je le veux bien, mais vous allez être fort surpris, ajouta la jeune veuve d'un air confidentiel et coquet; puis, se tournant vers M. de Riancourt, elle lui dit à mi-voix :

— Il me semble...

— Il vous semble, chère comtesse?

— Que...

— Achevez, de grâce!

— Que je meurs d'envie d'épouser M. de Saint-Herem.

— Madame! s'écria le duc stupéfait et devenant cramoisi. Madame!

— Qu'y a-t-il donc, cher duc? demanda vivement la princesse. Comme vous êtes rouge!

— Madame la comtesse, reprit M. de Riancourt en souriant d'un air forcé, la plaisanterie est un peu... un peu vive, et...

— Allons, donnez-moi votre bras, mon cher duc, reprit madame Zomaloff de l'air le plus naturel du monde, et faites demander vos gens, car il est tard. Nous devrions être déjà à l'ambassade. C'est votre faute aussi : comment vous, l'exactitude en personne, ne m'avez-vous pas sonné onze heures depuis longtemps?

— Ah! madame, je n'ai pas envie de rire! dit le duc d'un ton sentimental et pénétré. Quel mal m'a fait votre cruelle plaisanterie de tout à l'heure. J'en ai le cœur navré.

— Mon pauvre monsieur de Riancourt, je ne vous savais pas le cœur si vulnérable.

— Ah! madame, ce soupçon m'afflige; vous êtes bien injuste; moi qui sacrifierais ma vie pour vous!

— Vraiment!

Pour unique réponse, le duc leva les yeux au ciel et poussa un long soupir.

— Allons, mon cher duc, reprit la jeune femme en souriant, si j'avais quelque chose à vous demander, ce ne serait pas un sacrifice si héroïque.

La voiture de M. de Riancourt étant arrivée au bas du perron madame Zomaloff, sa tante et le duc, quittèrent l'hôtel Saint-Ramon.

Presqu'au même instant le vieux mulâtre abandonnait aussi cette opulente demeure, ébloui, confondu de ce qu'il venait de voir, d'entendre, et songeant toujours aux bénédictions dont le nom de saint Ramon était comblé par les invités de cette fête singulière.

Onze heures et demie sonnaient alors dans le lointain à l'église de Chaillot.

— Onze heures et demie! se dit le vieillard; j'ai le temps d'arriver pour minuit. Ah! que vais-je apprendre! quelle angoisse est la mienne!

Et le vieillard commença de gravir lentement les hauteurs qui, du bord de la Seine, s'étagent jusqu'à la rue de Chaillot.

XX

Le vieux mulâtre s'était lentement acheminé vers les hauteurs de Chaillot; il arriva bientôt dans la rue où s'élève l'église de ce faubourg pauvre et populeux.

Contre l'usage, cette église était éclairée cette nuit-là. A travers la grande porte ouverte, on voyait la nef et l'autel brillamment illuminés de cierges, quoique l'église fût encore vide; quelque cérémonie imposante allait sans doute avoir lieu, car, bien que minuit dût bientôt sonner, l'on apercevait des lumières et des curieux aux fenêtres des maisons voisines de l'église, tandis que des groupes nombreux stationnaient sur le parvis. Le vieux mulâtre, s'approchant de l'un de ces rassemblements, prêta l'oreille et entendit ce qui suit :

— Ils ne peuvent maintenant beaucoup tarder.

— Non, car voilà bientôt minuit.

— C'est tout de même une drôle d'heure pour se marier.

— Ma foi! quand on est si bien doté, l'on peut passer par là-dessus.

— Qui donc va se marier à cette heure, messieurs? demanda le vieux mulâtre; quel est ce singulier mariage dont vous parlez?

— On voit, mon brave homme, que vous n'êtes pas du quartier!

— En effet, monsieur, je suis étranger.

— A la bonne heure! sans cela vous sauriez ce que c'est que le *mariage des six* qui a lieu, depuis quatre ans, pendant la nuit du 11 au 12 mai.

— Du 11 au 12 mai, se dit le vieillard en tressaillant, et il reprit :

— Mais, monsieur, pourquoi appelle-t-on ce mariage *le mariage des six?*

— Parce qu'il y a chaque année six jeunes filles mariées et bien dotées, ma foi! chacune de dix mille francs!

— Dotées, et par qui?

— Par la volonté d'un digne homme, mort depuis cinq ans, et dont le nom est aussi populaire et aussi béni dans Chaillot que celui du *Petit manteau bleu* dans Paris.

— Et, demanda le vieux mulâtre avec un léger tremblement dans la voix, comment s'appelait ce digne homme, au nom de qui l'on dote si généreusement de jeunes filles?

— Il se nomme le *père Richard*, monsieur, répondit avec un accent de déférence la personne que le vieillard interrogeait.

Celui-ci, contenant à peine son émotion croissante, reprit :

— Et pourquoi ce père Richard fait-il tant de bien après sa mort?

— Dame! parce que c'était son idée, et qu'il a un brave fils, M. Louis Richard, qui exécute religieusement les dernières volontés de son père. Ah! voilà un autre digne homme que M. Louis! Tout le monde sait que lui, sa femme et son enfant, vivent tout au plus avec trois ou quatre mille francs par an, et pourtant il faut qu'ils aient hérité du père Richard une fameuse fortune pour doter chaque année six jeunes filles de dix mille francs chacune, sans compter les frais de l'école et de la *Maison du bon Dieu*, ou du père Richard, si vous aimez mieux.

— Pardonnez, monsieur, à la curiosité d'un étranger; mais vous parlez d'une maison appelée la Maison du bon Dieu, d'une école?

— Oui... l'école du père Richard. C'est madame Mariette qui la dirige.

— Madame Mariette? demanda le vieillard, qui est-elle?

— La femme de M. Louis Richard... Cette école est fondée pour vingt-cinq petits garçons et vingt-cinq petites filles qui y restent jusqu'à l'âge de douze ans, époque où ils entrent en apprentissage chez des maîtres choisis; les enfants sont nourris; on leur donne en outre un habillement pour l'hiver et un pour l'été; de plus ils reçoivent chacun dix sous par jour. De cette façon-là, les parents, au lieu de faire comme tant d'autres qui, pressés par la misère, mettent trop tôt leurs enfants en apprentissage, sont intéressés à leur faire donner de l'instruction.

— Et c'est la femme de... de M. Louis Richard qui dirige cette école?

— Oui, monsieur; et elle dit qu'elle y prend d'autant plus de plaisir qu'elle avant son mariage une pauvre ouvrière ne sachant ni lire ni écrire, et qu'elle a si cruellement souffert du manque d'éducation, qu'elle se trouve heureuse d'être à même d'empêcher les autres de souffrir ce qu'elle a souffert. Voilà, monsieur, ce que c'est que l'école du père Richard.

— Mais, monsieur, vous m'aviez aussi parlé d'une maison...

— Cette maison est fondée pour douze ouvrières infirmes ou hors d'état de travailler. C'est madame Lacombe qui la dirige.

— Qu'est-ce que c'est que madame Lacombe?

— La marraine de madame Mariette, une bonne et digne femme, qui a le poignet coupé ; c'est la douceur, la patience, la bonté en personne... Que voulez-vous! elle doit s'y connaître en pauvres vieilles femmes infirmes! car elle dit à qui veut l'entendre qu'avant le mariage de sa filleule avec M. Louis, toutes deux ne mangeaient pas tous les jours du pain à leur faim; mais, tenez, mon brave homme, voilà les mariages; placez-vous devant moi, vous les verrez mieux défiler; nous pourrons ensuite entrer dans l'église.

En effet, le vieillard vit bientôt s'avancer une sorte de cortége, à la tête duquel marchaient Louis Richard donnant le bras à madame Lacombe, puis Mariette tenant par la main un charmant petit garçon de quatre ans.

Madame Lacombe n'était plus reconnaissable : sa figure, autrefois si creuse, si maladive, était pleine, vermeille, et annonçait la santé;

sa physionomie, jadis chagrine, sombre, presque farouche, exprimait alors la plus heureuse mansuétude ; elle portait ses cheveux blancs en bandeaux sous un bonnet de dentelle, et un beau châle de cachemire français cachait à demi sa robe de soie.

Les traits de Louis Richard, qui donnait le bras à la marraine de Mariette, étaient empreints d'une félicité sérieuse et contenue. On voyait qu'il comprenait la grandeur des devoirs qu'il s'était imposés. Mariette, plus jolie que jamais, se distinguait par un air de gravité douce qui sied si bien aux jeunes mères ; dans son légitime orgueil, elle avait toujours, malgré son mariage, conservé le modeste costume de sa première condition ; fidèle au coquet petit bonnet de l'ouvrière, elle n'avait jamais voulu porter de chapeau ; le *bon Dieu* l'en récompensait, car elle était ravissante de fraîcheur, de grâce et de beauté, sous son frais bavolet de dentelle à nœuds de rubans bleu ciel. De temps à autre elle souriait avec un amour ineffable à son petit garçon, blond, rose et joli comme elle.

Après Louis, sa femme, son enfant et madame Lacombe, venaient, vêtues de blanc et couronnées de fleurs d'oranger, les six jeunes filles dotées cette année-là : elles donnaient le bras aux parents ou aux témoins de leurs fiancés ; ceux-ci conduisaient les parents et les témoins de leurs promises ; tous appartenaient à la classe des travailleurs. Derrière ce groupe s'avançaient les vingt-quatre jeunes ménages unis depuis quatre ans, puis les enfants de l'école du père Richard, puis enfin celle des vieilles femmes de la maison de refuge à qui leurs infirmités permettaient d'assister à cette touchante cérémonie.

Il fallut près d'un quart d'heure pour le défilé de ce cortége, qui prit enfin place dans l'église.

Le vieux mulâtre avait assisté muet et pensif à ce défilé, pendant qu'autour de lui les curieux disaient :

— C'est pourtant grâce au père Richard que ces jeunes filles laborieuses vont devenir de bonnes et heureuses ménagères.

— Et les mariées des autres années ont-elles l'air heureux ! Et ce bonheur, à qui le doivent-elles ? au père Richard !

— C'est vrai... toujours au père Richard !

— Et aussi à M. Louis, qui remplit si bien les intentions de son brave père.

— Sans doute ; mais enfin toujours est-il que, sans la grosse fortune que le père Richard lui a laissée en faire un si bon usage, M. Louis n'aurait eu que sa bonne volonté.

— Et l'école du père Richard ? avez-vous vu les enfants, les petits garçons avec leurs bonnes blouses de drap, les petites filles avec leurs bonnes robes de mérinos ? Comme tous ont l'air content !

— Savez-vous qu'il ne manque pas plus de cinq ou six de ces pauvres vieilles infirmes qui, grâce au père Richard, trouvent au moins du pain et du repos pour leurs vieux jours ?

— Savez-vous une chose, mes amis ?

— Quoi donc ?

— C'est que voilà peut-être cent cinquante personnes qui passent devant nous et qui toutes ont eu plus ou moins part aux bienfaits du père Richard.

— C'est vrai, et quand on songe que c'est la même chose depuis quatre ans, ça fait déjà six à sept cents personnes soutenues, instruites, aidées ou mariées grâce à ce digne homme.

— Sans compter que, pourvu que M. Louis vive encore pendant trente ans, je suppose, ça fera cinq ou six mille personnes qui, grâce au père Richard, auront eu la vie bonne et heureuse, au lieu de l'avoir eu mauvaise... et coupable peut-être : la misère perd tant de monde !

— Qu'est-ce que vous dites donc, cinq ou six mille personnes, mais ça ferait bien plus que cela !

— Comment ?

— Ces ménages que l'on dote chaque année, choisis parmi les plus pauvres et les plus honnêtes artisans, ces ménages auront des enfants ; ceux-ci d'abord participeront au bien-être de leurs familles, ils seront bien élevés, et ils auront plus tard leur part du petit pécule grossi certainement par l'économie et le travail de leurs parents, car c'est facile de mettre de côté quand on s'établit avec quelque chose ; on n'est pas forcé de s'endetter pendant le chômage en mettant au mont-de-piété qui vous ruine par les gros intérêts !

— C'est, ma foi, vrai ; en calculant ainsi, ça double, ça triple la somme des bienfaits du père Richard, et si l'on osait songer à une deuxième, à une troisième génération de bienfaiteurs, en multipliant, comme on dit, les obligés par eux-mêmes, ça deviendrait incalculable le bien dont il aurait été la souche, ce digne et excellent homme !

— Et dire pourtant que le bien est si facile à faire, et qu'il y a tant de gens, du petit au grand, qui ne savent à quoi dépenser leur argent !

— C'est vrai... car enfin de l'argent, ça représente le bonheur de bien du monde, et avoir entre les mains beaucoup d'argent, c'est avoir le moyen de faire, si on le voulait, beaucoup d'heureux !

— Ah dame ! c'est que les père et fils Richard ne sont pas très-communs, dit le dernier interlocuteur qui avait servi de cicerone au vieux mulâtre ; puis, voyant ce dernier laisser couler des larmes, il ajouta : Eh bien, mon brave homme, que diable avez-vous à pleurer ainsi ?

— C'est... c'est l'émotion, dit le vieillard. Le bien que j'entends dire de ce... ce... père Richard et de son fils... la vue du cortége de gens si heureux.., tout cela me cause une impression extraordinaire.

— O mon digne homme ! si telle est la cause de vos larmes, je ne vous plains pas, elles vous font honneur. Mais, tenez, puisque cela vous intéresse, entrons dans l'église, nous verrons la fin de la cérémonie, et après vous pourrez aller jusqu'à la maison du bon Dieu, car, cette nuit-ci, y entre qui veut.

— Je vous remercie de votre conseil, monsieur, et je le suivrai, dit le vieux mulâtre en essuyant ses pleurs et en entrant dans l'église avec son cicerone.

La foule était si compacte que le vieillard dut renoncer à arriver jusqu'aux premiers rangs des spectateurs qui se pressaient à l'entrée du chœur ; mais un moment de réflexion le consola bientôt, et il revint se placer auprès du bénitier situé non loin de la porte de l'église.

Pendant l'accomplissement de la cérémonie des mariages, à laquelle tous les assistants prirent part avec recueillement, la physionomie du mulâtre exprima une émotion profonde, étrange ; il semblait plongé dans une sorte d'extase, comme si une révélation soudaine lui eût ouvert des horizons immenses, éblouissants, mais jusque-là voilés à sa vue ; aussi, après un moment de méditation fervente, s'agenouilla-t-il, et, joignant les mains, il laissa tomber sur sa poitrine sa tête blanchie.

Dans l'église le silence était solennel ; tout à coup la voix grave et sonore du prêtre qui officiait à l'autel fit entendre ces paroles, qu'il adressait aux nouveaux mariés :

« Et maintenant que votre union est consacrée par Dieu, jeunes époux, continuez la vie honnête et laborieuse qui vous a mérité le bonheur dont vous allez jouir ; n'oubliez jamais que cette juste rémunération de votre dignité dans la pauvreté, de votre courage dans le travail, vous la devez à un homme doué de la plus tendre, de la plus juste affection pour ses frères ; car, fidèle aux devoirs du vrai chrétien, il ne s'est pas regardé comme le maître, mais comme l'aumônier de ses richesses. Le Christ n'a-t-il pas dit : *Aimez-vous les uns les autres, et que ceux qui ont donnent à ceux qui n'ont pas* ?... Aussi le Seigneur, en accordant au père Richard un fils digne de lui, a récompensé ce grand homme de bien, et par son obéissance aux lois de l'évangélique fraternité, il a mérité que sa mémoire vécût parmi les hommes. Cette immortalité, votre reconnaissance la lui accordera ; que son nom soit donc à jamais béni par vous, par vos enfants, par les enfants de vos enfants ; que vos cœurs conservent toujours comme le souvenir d'une rare vertu le nom vénéré du père Richard ! »

Le murmure approbateur de la foule accueillit ces paroles et couvrit les sanglots étouffés du vieux mulâtre, qui, toujours agenouillé, semblait éprouver un ressentiment ineffable.

La cérémonie était terminée.

Le bruit que firent les assistants en quittant leurs places, afin de sortir de l'église, rappela à lui le vieillard ; il se releva précipitamment, et s'appuya au bénitier, car il se sentait défaillir.

Bientôt il vit du fond de l'église s'avancer de son côté Louis Richard, qui, donnant le bras à madame Lacombe, se dirigeait vers la porte de l'église.

Le vieillard trembla de tous ses membres, et au moment où Louis Richard allait passer devant lui, il trempa ses doigts dans le bénitier, et baissant la tête, il offrit l'eau sainte d'une main tremblante à l'époux de Mariette.

— Merci, bon père, répondit affectueusement Louis en effleurant de ses doigts la main vacillante ; puis, remarquant la pauvreté de ses vêtements et la tête blanchie du *donneux* d'eau bénite, et voyant dans son offre une demande d'aumône, le jeune homme lui glissa dans la main une pièce de monnaie, en lui disant avec bonté :

— Tenez et priez Dieu pour le père Richard.

Le vieillard saisit avidement la pièce de monnaie, la porta à ses lèvres, et la baisa en fondant de nouveau en larmes.

Ce singulier incident ne fut pas aperçu de Louis Richard ; il sortit de l'église ainsi que le cortége, et une grande partie des spectateurs se dirigea vers ce que l'on appelait à Chaillot la Maison du bon Dieu.

Le vieux mulâtre, brisé par une profonde émotion, s'appuya péniblement sur son bâton, et se dirigea aussi vers la Maison du bon Dieu.

XXI

La *Maison du bon Dieu* était bâtie sur les dernières hauteurs de Chaillot, dans une situation aussi riante que salubre; un grand et ombreux jardin entourait les bâtiments d'une élégante simplicité.

Cette nuit de mai était pleine de douceur et de sérénité; les parfums printaniers embaumaient l'air, de nombreux becs de gaz éclairaient la grande allée couverte qui conduisait au corps de logis principal, au devant duquel s'élevait un perron de quelques marches.

Le vieux mulâtre avait suivi le cortége; il le vit se ranger silencieusement en demi-cercle à l'entour du perron, car aucune salle n'aurait pu contenir l'affluence de la foule.

Bientôt Louis Richard, selon son habitude de chaque année, s'avança sur le perron et prononça d'une voix émue et chaleureuse les quelques paroles suivantes:

« Mes amis, il y a cette nuit cinq ans que je perdais le meilleur des pères; il périssait d'une mort affreuse lors du sinistre du chemin de fer de Versailles. Mon père, maître d'un patrimoine assez considérable, aurait pu vivre dans l'aisance et l'oisiveté: il a vécu pauvre et laborieux. Tandis qu'il renonçait ainsi à tout bien-être, gagnant par son travail le pain quotidien, sa parcimonie sublime accumulait lentement de grandes richesses, son abnégation les augmentait chaque année. Vint le jour prématuré de sa mort. J'eus à pleurer un des plus fervents amis de l'humanité, car, selon ses dernières volontés, j'ai consacré ses biens à l'accomplissement de trois saints et grands devoirs:

« Envers les enfants;

« Envers les jeunes filles;

« Envers les femmes que l'âge ou les infirmités rendaient incapables de travailler.

« Aux enfants pauvres si souvent privés d'une éducation tutélaire, mon père a voulu que l'instruction élémentaire et plus tard professionnelle fût assurée.

« Aux jeunes filles laborieuses et probes qu'un salaire insuffisant, la souffrance, la misère, n'exposent que trop fréquemment aux séductions du vice, mon père a voulu qu'une dot modeste fût assurée. Cette assistance, jointe aux fruits du travail de chaque ménage, lui permettra du moins de goûter dans toute leur douceur et leur pureté les saintes joies de la famille, joies souvent, hélas! ignorées au milieu des maux qu'enfante la pauvreté.

« Enfin, aux femmes âgées ou infirmes qui, après une longue vie de labeur, sont hors d'état de gagner leur subsistance, mon père a voulu assurer du moins le repos et le bien-être de leurs vieux jours.

« Ces dernières volontés de mon père, je les ai religieusement remplies dans la limite des moyens d'action qu'il m'a laissés. Sans doute, la part qu'il dispense ainsi chaque année par mes mains est peu de chose, si l'on songe aux innombrables misères de l'humanité; mais celui-là *qui fait tout le bien qu'il peut faire*, ne partageât-il que son morceau de pain avec son frère affamé, celui-là agit comme il doit agir: il accomplit le devoir que l'humanité lui impose.

« Ce devoir est celui de tout homme de bien, et il doit employer tous ses efforts à se rapprocher de cet idéal par des actes. Ainsi a fait mon père. De sa généreuse pensée, je ne suis que l'écho, que l'agent. L'accomplissement de ce glorieux devoir remplirait ma vie d'une félicité sans mélange et sans borne, si je n'avais à pleurer la mort d'un père à jamais regretté. »

A peine Louis Richard avait-il prononcé ces dernières paroles, qu'un certain tumulte s'éleva au milieu de la foule dont le perron était entouré: le vieux mulâtre, succombant à son émotion, sentit ses forces lui manquer, et tomba sans mouvement dans les bras de ceux qui se trouvaient à côté de lui.

Louis Richard, instruit de la cause de cette subite agitation, accourut auprès du vieillard et, afin de mieux s'assurer de son état et de pouvoir lui donner des soins plus prompts, il le fit transporter dans son appartement, situé au rez-de-chaussée, puis il pria les nouveaux époux de se rendre au souper destiné à les réunir aux *ménages* des années précédentes. Madame Lacombe et Mariette devaient, en l'absence momentanée de Louis Richard, le suppléer dans la présidence de ce repas servi dans le jardin sous une tente immense.

Le vieux mulâtre avait été transporté, toujours évanoui, dans le cabinet de Louis. Celui-ci, par un pieux respect pour la mémoire de son père, n'avait pas séparé du pauvre mobilier de la chambre qu'ils avaient si longtemps habitée en commun: la table de bois noirci, la vieille commode, l'antique bahut, tout avait été gardé, ainsi que la couchette peinte en gris, sur laquelle on avait jeté une courte-pointe, et qui servait de lit de repos à Louis Richard. C'est sur cette couche que le vieillard fut porté.

Une bougie allumée à la hâte éclairait faiblement cette pièce.

Louis, dès qu'il y entra, envoya un domestique à une petite pharmacie dépendante de la maison demander quelques spiritueux, et resta seul avec le vieux mulâtre. Ses épais cheveux blancs retombaient sur son front; son inculte et longue barbe cachait presque entièrement ses traits. Louis prit sa main pour consulter son pouls.

A ce moment le vieillard fit un léger mouvement, et prononça quelques mots inintelligibles.

Le son de cette voix frappa cependant Louis: il tâcha de mieux distinguer les traits de celui qu'il secourait; mais la demi-obscurité de la chambre, et la longueur des cheveux et de la barbe du mulâtre rendirent infructueux cet examen.

Soudain son hôte releva languissamment la tête, regarda autour de lui, et, ses yeux s'étant arrêtés sur le dossier du lit peint en gris et contourné d'une façon particulière, il fit un mouvement de surprise; mais lorsqu'il eut aperçu le bahut si reconnaissable par sa forme, il ne put retenir ces mots:

— Où suis-je? Est-ce un rêve?... Mon Dieu! mon Dieu!

L'accent de cette voix de plus en plus distincte frappa Louis de nouveau; il tressaillit légèrement; mais bientôt, secouant la tête et souriant avec amertume, il se dit tout bas:

— Hélas! les regrets nous causent souvent des illusions étranges.

S'adressant alors au vieillard d'un ton affectueux:

— Eh bien! comment vous trouvez-vous, bon père?

A ces mots, le mulâtre, se dressant sur son séant, saisit vivement la main de Louis avant que celui-ci eût pu s'y opposer, et la couvrit de larmes et de baisers.

L'époux de Mariette, surpris, touché de ce mouvement d'effusion, reprit:

— Allons, calmez-vous, bon père. En vérité, je n'ai rien fait jusqu'ici qui puisse me mériter votre reconnaissance. Un jour, je serai peut-être plus heureux... Mais dites-moi, comment vous trouvez-vous? Est-ce la fatigue, la faiblesse, qui ont causé votre évanouissement?

Le vieillard resta muet, baissa la tête sur sa poitrine sans quitter la main de Louis, dont il semblait ne pouvoir se détacher; il serrait contre sa poitrine haletante dans une étreinte convulsive.

Le jeune homme, gagné par une émotion singulière et croissante, sentit les larmes lui venir aux yeux, et reprit:

— Bon père, écoutez-moi.

— Oh! encore! murmura le vieux mulâtre d'une voix étouffée, encore!...

— Comment! que je vous dise encore *bon père*?

— Oui, répondit le vieillard, qui tremblait de tous ses membres, oui! oh! encore!

— Eh bien, bon père...

Le jeune homme ne put achever.

Son hôte, incapable de se vaincre plus longtemps, se redressa et s'écria d'une voix vibrante de tendresse:

— Louis!!!

Ce nom, prononcé avec l'expression de toutes les forces de l'âme, ce mot seul était une foudroyante révélation.

Le jeune homme pâlit, se rejeta en arrière et resta pétrifié, les yeux fixes, hagards.

La commotion était trop violente, l'ébranlement moral trop profond, pour qu'il ne s'écoulât pas quelques instants avant que cette pensée: *Mon père n'est pas mort!* pût arriver jusqu'à l'entendement de Louis.

Ainsi, la brusque transition d'une nuit profonde à l'éclat du soleil nous éblouit et nous rend momentanément aveugles.

Mais lorsque Louis, remis de cette violente secousse, envisagea la réalité sans vertige, il se jeta sur le lit du vieillard, écarta d'une main convulsive ses longs cheveux blancs; puis, parcourant d'un œil avide, radieux, enivré, les traits de son père enduits d'un bistre factice, il ne conserva plus aucun doute, et ne put que balbutier ces mots dans une sorte de délire filial: Toi!... oh! mon Dieu! toi, mon père!

. . . .

Renonçons à peindre cette première explosion de tendresse qui jeta le père et le fils dans les bras l'un de l'autre.

Qui pourrait rendre ces étreintes, ces mots sans suite, ces cris, ces déchirements d'une joie trop aiguë, ces défaillances de l'esprit et du corps trop faible pour un pareil ravissement, mais bientôt suivies de ces élans passionnés qui emportent l'âme jusqu'aux dernières limites de la félicité?

A ces emportements de bonheur succéda enfin un moment de calme.

Le père Richard dit à son fils:

— En deux mots, mon cher enfant, voici mon histoire: j'ai dormi pendant cinq ans ; il y a quarante-huit heures que je me suis complétement éveillé.

— Que dites-vous ?

— Je me trouvais avec le pauvre Ramon et sa fille dans un des waggons les plus maltraités lors de la catastrophe. Un hasard providentiel, encore inexplicable pour moi, m'a sauvé la vie, quoique j'aie eu la cuisse droite cassée et que l'épouvante m'ait rendu fou.

— Vous, mon père ?

— Oui, je suis devenu fou de terreur... j'ai complétement perdu la raison.

— Oh ! mon Dieu !

— Conduit loin du sinistre, chez un digne médecin, ma fracture guérie, j'ai été transporté dans un hospice d'aliénés à Versailles. Ma folie était inoffensive, je ne parlais que de mes trésors perdus. Pendant près de quatre ans mon insanité fut incurable ; mais, grâce aux soins des médecins, mon intelligence s'éclaircit peu à peu, lentement et par intermittence ; puis, ma guérison fit de nouveaux progrès, avança et devint enfin complète, assurée, car il y a deux jours, je te le répète, mon enfant, j'ai pu sortir de l'hospice. Te dire ce que j'ai éprouvé lorsque je me suis retrouvé en possession de toute ma raison, de tous mes souvenirs, me serait impossible. Je m'éveillai, je te l'ai dit, d'un long et profond sommeil de cinq années. Ma première pensée, je te dois cet humiliant aveu, ma première pensée fut une pensée d'avare... Qu'étaient devenus mes biens ? quel usage en avais-tu fait ? Hier, lorsque les portes de l'hospice se sont ouvertes devant moi, j'ai couru chez mon notaire, ton ancien patron et mon ami... Sa stupeur, tu la comprends. Voici quelles ont été ses paroles : « La première idée de votre fils, lorsqu'il a partagé l'erreur commune au sujet de votre mort, a été de se considérer seulement comme dépositaire de vos richesses, de n'en disposer qu'à l'âge de trente-six ans, en distrayant seulement une faible somme destiné à son entretien et à celui de sa femme ; mais au bout de six mois, après une assez grave maladie, pensant que la mort pourrait le frapper avant qu'il eût accompli ce qu'il considérait comme un devoir sacré, votre fils a changé d'avis et m'a fait part de ses projets, auxquels j'ai adhéré de toute mon âme. » Mais ces projets, quels étaient-ils ? ai-je demandé à ton ancien patron. « Ayez le courage d'attendre jusqu'à demain minuit, m'a-t-il répondu ; rendez-vous alors à l'église de Chaillot : vous saurez tout, et vous remercierez Dieu de vous avoir donné un fils tel que le vôtre. » J'ai eu le courage d'attendre jusqu'à ce soir, mon cher Louis ; ma longue barbe, mes cheveux tout blancs, me changeaient déjà beaucoup ; j'ai bistré mes traits, afin de me défigurer tout à fait et de pouvoir ainsi m'approcher de toi sans être reconnu. Oh ! tendre et noble enfant ! ajouta le père Richard en pleurant d'attendrissement, si tu savais ce que j'ai vu, ce que j'ai entendu ! Mon nom vénéré, adoré, grâce à la grandeur de ton âme et à une pieuse supercherie de ton amour filial ! Oh ! tiens, vois-tu, pendant un moment, j'ai éprouvé une sorte d'extase. Oui, pendant qu'on a béni ma présence l'on bénissait ainsi ma mémoire ; il m'a semblé que mon âme, dégagée de ses liens terrestres, planait dans le ciel comme planent sans doute les âmes des hommes de bien qui entendent encore ici bas l'expression de l'amour et de la reconnaissance qu'ils ont laissés après eux. Hélas ! cette illusion a été de courte durée. Je n'étais pour rien dans ces touchantes actions dont on me glorifiait.

— Que dites-vous, mon père !... Sans vous, sans votre persévérante épargne, comment donc aurais-je accompli le reste ? Ne m'aviez-vous pas laissé un tout-puissant levier ? Mon seul mérite a été de bien user de cette force immense concentrée par vous au prix de tant de sacrifices, de tant de privations. Maître de cette grande fortune que je n'avais pas gagnée par mon travail, j'ai compris les devoirs qu'elle m'imposait. L'horrible misère et l'ignorance dont ma femme bien-aimée avait souffert, les dangers auxquels cette ignorance et cette misère l'avaient exposée, la cruelle infirmité de sa marraine, tout a été un enseignement pour moi, et, ainsi que Mariette et madame Lacombe, nous avons voulu, autant qu'il serait en nous, épargner aux autres la peine dont nous avions tant souffert.

— Cher enfant !

— Cela n'est pas mon œuvre, mon père, c'est la vôtre. Jouissez de votre gloire, mon père ; vous avez laborieusement semé, je n'ai fait que recueillir : la moisson vous appartient.

Soudain la porte du cabinet s'ouvrit brusquement. Florestan de Saint-Herem entra, se jeta dans les bras de Louis avec tant d'impétuosité qu'il n'aperçut pas le père Richard, et s'écria :

— Embrasse-moi, Louis ; réjouis-toi ! tu es mon meilleur ami ; à toi la première nouvelle. Je comptais te trouver ici : car ce n'est pas de cette année que je sais comment tu fêtes les anniversaires du 12 mai. Aussi je n'ai pas voulu perdre une minute pour venir t'apprendre que saint Ramon devient un bel et bon saint, car il vient de faire le plus incroyable des miracles...

— Que veux-tu dire ?

— Il y a deux heures, j'étais complétement ruiné, ou peu s'en faut : maintenant je suis plus riche que je ne l'ai jamais été, et surtout que je ne le serai jamais ! Louis, des mines d'or, des mines d'argent, des diamants à remuer à la pelle, des riche ses fabuleuses, une fortune qui se compte par dizaines de millions. Oh ! saint Ramon ! saint Ramon ! que votre nom soit sanctifié ! Combien j'ai eu raison de vous canoniser, car, vive Dieu ! vous n'êtes pas ingrat !

— Florestan, de grâce, explique-toi.

— Il y a une heure, la fête que je donnais, tu le sais, à ces dignes artisans, touchait à sa fin. Un de mes gens me prévient qu'une femme venue en fiacre s'est fait conduire dans mon appartement et demande instamment à me parler ; je monte chez moi : que vois-je ? la comtesse Zomaloff, jeune et charmante veuve qui, dans huit jours, devait épouser le duc de Riancourt ; cette nuit elle était venue visiter mon hôtel pour l'acquérir, elle l'avait acheté en effet. Stupéfait de la revoir, je reste un moment muet. Sais-tu ce qu'elle me dit du ton le plus naturel du monde ?

« Monsieur de Saint-Herem, mille pardons de vous déranger, j'ai seulement deux mots à vous dire : Je suis veuve, j'ai vingt-huit ans ; je ne sais trop pourquoi j'avais promis à de Riancourt de l'épouser ; peut-être aurais-je accompli ce sot mariage si je ne vous avais pas rencontré. Votre cœur est généreux, votre âme élevée, la fête que vous avez donnée ce soir me le prouve ; votre esprit me séduit, votre caractère me charme, votre bonté me touche et votre personne me plaît. Quant à moi, la démarche que je fais en ce moment vous donne la mesure de ce que je suis, de ce que je vaux, en bien et en mal.

« Cette démarche étrange, inconvenante, extravagante peut-être... vous l'apprécierez : si votre jugement m'est favorable, je serai fière et heureuse de devenir madame de Saint-Herem, et d'habiter avec vous l'hôtel Saint-Ramon ; j'ai une fortune colossale, vous en disposerez comme vous l'entendrez, car je vous confie aveuglément mon avenir. J'attendrai donc votre décision. Bonsoir, monsieur de Saint-Herem. » A ces mots, mon cher Louis, la fée disparaît et me laisse dans un tel éblouissement de bonheur, que j'ai cru en perdre la tête.

— Florestan, lui dit Richard d'un air grave et affectueux, la confiance aveugle de cette jeune femme venue à toi avec tant de franchise et de confiance, t'impose de grands devoirs.

— Je comprends, mon ami, répondit Saint-Herem avec un accent rempli de sincérité. J'ai du dissiper les biens qui m'appartenaient et me ruiner ; mais me montrer ainsi prodigue d'une fortune qui n'est pas la mienne, ruiner une femme qui me confie si loyalement son avenir, ce serait une infamie !

....

Environ un mois après ces divers événements, madame Zomaloff épousait Florestan de Saint-Herem.

Louis Richard, son père et Mariette assistaient à la cérémonie nuptiale.

Le père Richard, malgré sa *résurrection*, ne changea rien à l'usage que Louis avait fait jusqu'alors des biens paternels ; seulement le vieillard demanda instamment d'être l'ÉCONOME de la maison, et, en cette qualité, il y rendit de très-grands services.

Tous les ans, on célébrait doublement le 12 mai.

Louis, son père et Mariette, qui voyaient fréquemment monsieur et madame de Saint-Herem, assistaient à une fête magnifique donnée à l'hôtel Saint-Ramon le jour anniversaire de leur union ; mais, à minuit, Florestan et sa femme, qui s'adoraient, car ce mariage avait fini par devenir un mariage d'amour, allaient partager le dîner de noce des *six* nouveaux ménages dans la *Maison du bon Dieu.*

FIN DE L'AVARICE.

Imprimé par H. Didot, Mesnil (Eure), sur les clichés des Éditeurs.

ENCYCLOPÉDIE D'HISTOIRE NATURELLE

Ou Traité complet de cette science d'après les travaux des naturalistes les plus éminents de tous les pays et de toutes les époques,

BUFFON, DAUBENTON, G. CUVIER, LACÉPÈDE, ETC., ETC.

6 fr. 50 c. le volume.   **PAR LE Dr CHENU**   1 fr. 5 c. la série.

Chirurgien-Major à l'hôpital militaire du Val-de-Grâce, professeur d'Histoire naturelle, etc., etc.

L'Encyclopédie comprendra les *Races humaines*, les *Mammifères*, les *Insectes*, les *Papillons*, les *Oiseaux*, les *Poissons*, les *Mollusques*, les *Reptiles*, la *Botanique*, la *Minéralogie*, la *Géologie*, etc., etc.

En vente.

LES QUADRUMANES (*Singes*), formant un magnifique vol. illust. de près de 300 vign. — *Prix broc.* 6 fr. 30

LES INSECTES-COLÉOPTÈRES, 2 volumes illust. de près de 1,200 vignettes. — *Prix broché.* 12 fr. 60

LES OISEAUX, 6 vol. illustrés de 3,000 vignettes. — *Prix broché.* 37 fr. 80

LES PAPILLONS DIURNES, un volume illustré de 500 vignettes. — *Prix broché.* 6 fr. 30

LES MAMMIFÈRES (*Quadrupèdes*), 2 volumes illustrés de 600 vignettes. — *Prix broché.* 12 fr. 60

LA BOTANIQUE, 2 vol. illustrés de 600 vignettes. — *Prix broché.* 14 fr. 70

RONGEURS et PACHIDERMES, un vol. illustré de 400 gravures. — *Prix broché.* 6 fr. 30

En cours de publication.

RONGEURS et PACHIDERMES, 2e partie....

CHAQUE VOLUME SE VEND SÉPARÉMENT.

Ce magnifique corps d'ouvrage est le plus beau, le moins cher, le plus splendidement illustré, et sera le plus complet de tous ceux qui ont paru jusqu'à ce jour.

LEMAISTRE DE SACY

Prix broché.

La Sainte Bible	9 fr. »
L'Ancien Testament *séparé*	7 »
Le Nouveau Testament *séparé*	2 »
Collection de gravures sur acier pour illustrer toutes les éditions de la Bible. Prix de chaque série de 5 gravures.	» 50
La collection se compose de 40 séries.	

LAMENNAIS.

Les Saints Évangiles, avec notes et réflexions.......... 1 30

VILLIAUMÉ.

Histoire de la Révolution...................... 6 »

FELLENS.

Histoire de Louis Napoléon.................. 2 20

LORD BYRON.

Œuvres complètes, illustrées de 100 gravures.......... 5 »

WALTER SCOTT.

Œuvres complètes, 6 volumes illustrés de 500 gravures. 36 »

GRANDVILLE.

Les Animaux peints par eux-mêmes. Un magnifique volume, illustré par Grandville.......... 4 »

GAVARNI, ETC.

Le Diable à Paris. Un magnifique volume, illustré par Gavarni, Andrieux, etc. 4 »

J. J. ROUSSEAU.

La Nouvelle Héloïse	2 10
Mes Confessions	2 10
Émile	2 10
Les trois ouvrages, réunis en un volume broché	6 »

MOLIÈRE.

Œuvres complètes.......... 4 »

SÉPARÉMENT :

Hist. de la Vie et des Ouvrages de Molière, par Taschereau. » 90

BESCHERELLE AINÉ.

L'INSTRUCTION POPULARISÉE PAR L'ILLUSTRATION.

Prix broché.

L'Art de briller en Société	1 30
Mythologie illustrée (1re partie)	» 90
Id. (2e partie)	» 90
Monuments élevés à la gloire militaire	1 30
Le tout *réuni* en un volume illustré de 120 gravures.	4 »
Les grands Guerriers des Croisades	» 50
Histoire des Ballons	» 50
Les Jeux des différents Ages	» 70
Les Beaux-Arts illustrés	» 70
Histoire de l'Armée	» 90
La Mythologie grecque et romaine	» 90
Les Marins illustres	1 10
Le tout *réuni* en un volume illustré de 150 gravures	5 »

ALFRED DE MUSSET, ETC.

Voyage où il vous plaira, ill. par T. Johannot (1re partie).	1 10
Id. Id. (2e partie).	1 10
Id. Id. (3e partie).	» 95

CHARLES NODIER.

Contes choisis (1re partie)	» 70
Id. (2e partie)	» 70
Le voyage où il vous plaira, *réuni* aux Contes de Charles Nodier, forme un magnifique volume.	4 »

MAGASIN DES ROMANS INÉDITS. 2 volumes

grand in-8°, illustrés de 180 gravures.

Tome 1er, contenant : Raphaël et la Fornarina par Méry ; les Amours d'un Hercule, par Savinien Lapointe ; l'Amoureux de Rimini, par Antony Méray ; la Maison isolée, par Émile Souvestre ; les Guérillas, par Em. Marco S.-Hilaire. 4 »

T. 2e, contenant : La Puritaine et l'Homme des bois, par Eugène Sue ; Louise le Modèle, par Louis Boivin ; les Amoureux de Pierrefonds, par Henry de Kock ; la Lettre rouge, par Hawthorne ; Daniel le Vagabond, par Sav. Lapointe.. 4 »

Chaque volume et chaque ouvrage se vendent séparément.

NOUVEAU MUSÉE UNIVERSEL

OU HISTOIRE UNIVERSELLE ABRÉGÉE.

Reproduisant, par le dessin, les personnages historiques, les types et les costumes civils et militaires de toutes les nations, les monuments, les objets d'art, les antiquités, les sites, etc., etc., qui ont illustré ou spécialisé chaque siècle, depuis les temps les plus reculés jusqu'à nos jours.

Dessins par les premiers artistes. Texte explicatif, classement général et tables raisonnées, par le BIBLIOPHILE JACOB.

1 franc la série de 10 gravures noires. Les 1res séries sont en vente. Prix du 1er vol. paru, avec couverture et légendes imprimées en couleur : 5 francs.

PANORAMA MUSICAL

RECUEIL DE ROMANCES, AIRS, CHANSONNETTES, VALSES, POLKAS, QUADRILLES, etc., etc., etc.

PAR LES PLUS CÉLÈBRES COMPOSITEURS.

Chaque Livraison, 20 centimes. — Chaque Album, 60 centimes.

Les cinquante premières Livraisons et les vingt-cinq premiers Albums sont en vente.

NOTA. — Outre les ouvrages indiqués ci-dessus et ci-contre, le Catalogue général contient une très-grande quantité d'œuvres de nos plus célèbres auteurs, et notamment de Chateaubriand, de Bibliophile Jacob, Paul Féval, Alph. Karr, Jacques Arago, Eug. Scribe, Cooper, Michel Masson, Méry, Paul de Kock, Pigault-Lebrun, Ricard, Élie Berthet, Dulaure, Anquetil, Albert de Mortémont (*Voyages*), Corneille, Racine, Boileau, Lafontaine, etc., etc., etc.

www.ingramcontent.com/pod-product-compliance
Lightning Source LLC
LaVergne TN
LVHW052150080426
835511LV00009B/1772